KB212052

조직신학 서론

현대 조직신학의 문제들과 체계적 재구성

볼프하르트 판넨베르크 지음 · 박정수 옮김

이 도서의 국립중앙도서관 출판시도서목록(CIP)은
서지정보유통지원시스템 홈페이지(http://seoji.nl.go.kr)와
국가자료공동목록시스템(http://www.nl.go.kr/kolisnet)에서
이용하실 수 있습니다. (CIP제어번호: CIP2020049825)

An Introduction to Systematic Theology

조직신학 서론
현대 조직신학의 문제들과 체계적 재구성

볼프하르트 판넨베르크 지음 · 박정수 옮김

비아

| 차례 |

일러두기

· 역자 주석의 경우 *표시를 해 두었습니다.

· 성서 표기와 인용은 원칙적으로 『공동번역개정판』(1999)을 따르되 원
  문과 지나치게 차이가 날 경우에는 대한성서공회판 『새번역』(2001)을
  따랐으며 한국어 성서가 모두 원문과 차이가 날 경우에는 옮긴이가 임
  의로 옮겼음을 밝힙니다.

· 단행본 서적의 경우 『 』표기를, 논문이나 글의 경우 「 」, 음악 작품이
  나 미술 작품의 경우 《 》표기를 사용했습니다.

01

조직신학의 필요성

그리스도교 역사에서 늘 제기되었고 또한 답을 내려야 했던 근본적인 질문이 하나 있습니다. 왜 그리스도교 교회의 구성원이 되기 위해서는 자신을 바쳐야 할까요? 유대교인은 태어날 때부터 유대교인으로 납니다. 그러나 태어날 때부터 그리스도교인으로 나는 사람은 없지요. 그리스도교인이 되려면 거듭나야 합니다. 물론 4세기 이래 대다수 그리스도교인은 유아 때 세례를 받습니다. 이것을 보면 그리스도교인도 태어날 때부터 그리스도교인으로 나는 것 아닌가 싶기도 합니다. 그러나 세례받은 이는 인생을 살아가면서 세례가 뜻하는 바를 자신의 것으로 삼아야만 합니다. 그렇지 않으면 세

례는 공허한 표지가 되어 버립니다. 그렇다고 해서 그리스도
교인의 삶이 인격적인 회심에서 시작된다고 이야기하는 것
은 아닙니다. 그리스도교인의 삶은 분명 세례받는 것으로 시
작됩니다. 하지만 세례를 받은 이는 일평생 자신이 세례받
았다는 사실을 거듭 새롭게 상기하면서 끊임없이 그것을 자
신의 이야기로 만들어 가야 합니다. 그러므로 그리스도교인
이 된다는 것은 매우 개인적이고 인격적인 일이라 할 수 있
습니다.

누군가가 그리스도교인이 된다는 것은 온갖 독특한 이유
와 요소가 어우러진 결과라 할 수 있습니다. 그러나 그 어떤
경우라도 결국 그 사람이 신앙을 가져야, 즉 신자가 되어야
하지요. 그리고 그리스도교에서 이야기하는 신앙은 언제나
하느님과 예수 그리스도에 대한 믿음을 뜻합니다. 예수를 그
리스도로 받아들이는 것, 곧 하느님께서 예수 안에서, 예수
를 통해 활동하셔서 인류를 회복시켜 그들과 화해하시며, 나
아가 인류를 통해 당신의 피조물 전체를 회복시켜 그들과 화
해하신다고 고백하는 것, 이 고백과 신앙이 그리스도교인을
만듭니다. 다시 한번 말하지만, 이는 유대교인이 되거나 힌
두교인이 되는 것과는 상당한 차이가 있습니다. 그들은 태어
날 때부터 유대교인 혹은 힌두교인이 됩니다. 그들도 선조들

의 신앙을 고백하고, 전통적인 생활 규범을 따르는 것을 중시합니다. 그러나 개인적이고 인격적인 고백이 유대교인이나 힌두교인이 되기 위한 필수 요소는 아닙니다. 하지만 그리스도교인의 경우, 예수를 그리스도로 시인하는 것은 그리스도교인됨에 있어 없어서는 안 될 요소입니다. 그리고 이는 그 사람이 세례를 받는 것과 떼놓을 수 없습니다. 물론 세례에서 중요한 것이 이뿐만은 아닙니다. 특정 순간 그분의 부름에 응답할 수 있는 우리의 수준과 능력을 뛰어넘어 하느님께서는 세례를 통해 우리를 한 번, 그리고 영원히 부르셨습니다. 그렇다 하더라도 우리의 세례가 온전해지기 위해서는 우리의 신앙 고백이 필요합니다. 신자가 받은 세례를 살아 숨 쉬게 하는 것은 그의 인격적인 신앙입니다.

그런데 그리스도교인들이 참 하느님으로 믿고 고백하는 하느님은 유대인들이 섬기는 하느님이자 히브리 성서에서 증언하는 하느님이기도 합니다. 바로 여기서 지금까지 이야기한 상황에 들어 있는 문제가 뚜렷하게 드러납니다. 도대체 무엇이 누군가로 하여금 다른 민족이 섬기는 신을 섬기게 하는 것일까요? 예수와 그의 가르침이라고 답해볼 수도 있겠습니다. 하지만 예수는 유대인이었고 대다수 그리스도교인은 그렇지 않지요. 유대인에게는 자기 선조들의 하느님을 섬기는 일이 자연스러울 것입니다(그것이 유대인이 되기 위한 조건은 아니지만 말이지요). 반면 그리스도교의 경우 그 사람이 유대인이 아님에도 이스라엘 민족의 하느님을 자신의 하느님으로 받아들여야만 그리스도교 공동체의 일원이 될 수 있습니다. 굳이 그렇게 해야 하는 이유는 무엇일까요?

여기서 우리는 이 장의 핵심 주제인 조직신학이 필요한 이유를 마주하게 됩니다. 이 모든 일은 결국 진리 물음으로 연결되기 때문입니다. 이스라엘 민족이 섬기는 하느님, 예수가 믿는 하느님이 유일하고도 참된 하느님일 때, 바로 그때라야만 유대인이 아닌 사람도 하느님을 믿어야 할 충분한 이유가 생길 것입니다.

누군가 그리스도교인이 되거나 세례를 받음으로써 삶을 바칠 것을 요구하는 하느님의 부름을 따를 때, 그 각각의 이야기에는 통상 사람들이 그리스도교 신앙을 갖게 될 때 작용하는 요인과 동기들이 작용하기 마련이고 그중 일부는 우연한 것도 있을 것입니다. 하지만 예수가 선포한 하느님, 이스라엘의 하느님이 유일한 참 하느님이 아니라면 그 모든 일은, 설사 나에게 그 체험이 아무리 커다란 비중을 차지한다 해도 빈껍데기이거나 기만적인 것으로 드러날 것입니다. 그리스도교인됨에서 결국 모든 것은 하느님의 현실성에 달려 있습니다. 그리고 그리스도교 교회의 역사에서 신조와 교의 뿐만 아니라 신학이 근본적인 중요성을 갖는 이유는 바로 이 때문입니다. 예수 그리스도와 그가 선포하는 하느님에 관한 이야기가 그저 꾸며낸 이야기, 즉 허구일 뿐 역사가 아니라고 한다면 그 누구도 더는 정직하게 자신을 그리스도교인으로 인정할 수 없을 것입니다. 예수의 역사를 옛 그리스도교인들의 신화로 받아들인다면 그리스도교 신앙은 유지될 수 없습니다. '이야기'story라는 용어의 문제는 진리 물음을 모호하게 만들어 버린다는 데 있습니다. 어쩌면 그렇게 진리 물음을 어물쩍 회피하게 해주기 때문에 이 '이야기'라는 용어가 유행하고 있는지도 모르겠습니다. 그리스도교 신앙이 이어지려면 예수 그리스도의 이야기story of Jesus Christ는 역사 history여야만 합니다. 모든 세부 사항이 그렇지는 않다 할지라도 핵심은 그래야 합니다. 이는 '신화'myth라는 말에도 마찬가지로 적용됩니다. 하느님은 신화적 허구가 아니라 실재하는 분이어야만 합니다. 그분께 우리 자신을 의탁하려면 말이지요.

물론 종교에서 진리 물음은 그저 신학적 물음이기만 한 것은 아닙니다. 애초에 종교는 신학적 물음에서 시작되지 않지요. 신학적 물음을 던지기에 앞서 우리는 우리 삶을 둘러

싸고 동시에 가득 채우는 신비한 실재를 (비록 흐릿하기는 하나) 감지하거나 깨닫곤 합니다. 그렇기에 아름다움은 그 어떤 지적 논증보다도 더 강력하게 진리를 증언해 줍니다. 하지만 우리가 경험을 통해 진리로 간주하는 것은 도전을 받게 되기 마련입니다. 우리가 순간 확실하다고 생각하거나 느끼는 것에는 추가적인 검증과 해석이 필요합니다. 그것의 참됨은 우리의 모든 경험과 지식을 통합하여 이를 근거로 삼을 때만 확인됩니다. 진리의 최종 기준을 규정하는 것은 일관성coherence입니다. 일관성은 진리의 속성이기도 하기에 기준이 될 수 있습니다. 참된 것은 무엇이든 궁극적으로 다른 모든 진리와 일치를 이루어야 합니다. 진리는 하나이면서 모든 것을 아우르기 때문이지요. 그리고 이는 한 분 하느님이라는 개념과 밀접한 연관을 맺고 있습니다.

이렇게 생각하는 것은 경험의 영역이 아니라 성찰의 차원에 속합니다. 신학이 그리스도교 신앙의 참됨 여부에 관심하는 것은 성찰의 차원에서 이루어집니다. 그리스도교적 체험과 그리스도교 공동체에는 신학이 필요합니다. 모든 진리 주장에 대한 검증은 바로 이 성찰의 차원에서 이루어지기 때문이지요. 예수가 선포하는 하느님이 유일하고도 참된 하느님이며 그분이 예수를 진정 죽음에서 일으켰다는 그리스도교 교회의 선포는 신학적 성찰을, 즉 그 진리 주장을 검토하고 확증하는 과정을 수반합니다. 신학이 이 과제를 제대로 감당한다면, 교회의 가르침은 그 참됨을 설득력 있게 전함으로써 설교자를 격려하고 모든 그리스도교인 한 사람 한 사람의 선한 양심을 다지는 데 커다란 도움을 줄 수 있을 것입니다. 반대로 신학이 그리스도교 전통의 진리 주장에 관한 이 고유한 과제를 적절히 감당하지 않는다면 교회의 교역자들은 자신들이 설교해야 할 메시지를 신뢰하지 못한 채 얼버무리게 될 것입니다. 복음의 진리에 의구심을 갖게 되면 그들은 복음을 다른 '명분들'로 대체할 것이고, 교회에서 마땅히 가르쳐야 할 바들이 더는 언급되지 않게 되어 결국 그 피해는 고스란히 신자들에게 돌아갈 것입니다.

이러한 맥락에서 신학의 과제는 그리스도교 신앙 및 교리의 기원과 본래 내용, 혹은 그 역사적 변천을 연구하는 것뿐만이 아니라 그 전통에 담긴 진리를 밝히는 것이라 할 수 있습니다. 신학의 모든 분야가 이 과제를 공유하지만, 그중에서도 이 일이 조직신학의 특별한 과제라는 데는 의심의 여지가 없습니다. 그리스도교 전통에 속한 자료(성서, 역사적 문헌)들에 담긴 진리 물음을 다루는 한, 성서학과 교회사 역시 조직신학의 과제를 공유한다고 할 수는 있겠지요.

그리스도교 전통의 자료들에 담긴 진리의 내용은 거듭 새롭게 규정되어야 합니다. 각각의 역사적 상황에서 변치 않는 진리를 표현할 때 한때나마 기여하는 언어와 사상의 덧없는 형태들, 그리고 복음의 진리 곧 교회의 교의에 담긴 진리를 구별해야 하기 때문이지요. 물론 그러한 구별 또한 이를 수행하는 누군가(이 누군가는 특정 시대 배경에 뿌리를 내리고 있기 마련입니다)의 사상과 언어를 통해서만 가능합니다. 그러므로 특정한 주장이 담긴 전통 속에서 일시적인 언어와 사상의 형태들로부터 진리의 고갱이를 구별해 내는 과제는 계속해서 주어질 수밖에 없습니다. 따라서 시대마다 조직신학은 처음부터 다시 해야만 합니다. 하지만 그 과제는 언제나 같습니다. 조직신학이 다시 서술하는 진리는 서로 다른 언어와 사상의 형태를 지니고 있으나 모든 위대한 신학 체계와 모든 시대에 걸쳐 교회에서 전한 가르침들이 가리키는 바로 그 진리여야 합니다.

그리스도교의 가르침을 담은 전통의 언어에 관한 신학자의 과제는 체계적일 뿐만 아니라 비판적이어야 합니다. 전통의 가르침 가운데 무엇이 역사적으로 상대적이고, 무엇이 변치 않는 핵심인지를 구별해야 하기 때문이지요. 이 과제는 성서 해석에도 마찬가지로 적용됩니다. 성서 문헌 역시 역사 속에서 형성된 기록들이기 때문입니다. 따라서 성서 증언들이 가리키는 핵심 내용은 계속해서 새로이 다시 쓰여야 합니다. 그러나 전통적인 가르침에 담긴 진리의 내용은 세부 사항들만 다루어서는 제대로 규정할 수 없습니다. 진리의 내용은 체계로 제시되어야 합니다. 체계로 제시되어야 한다는 것은 포괄적인 서술 안에 있는 특정한 주장들 각각이 내세우는 진리를 검증해야 한다는 뜻입니다. 진리는 그 자체로 체계적이기 때문입니다. (앞서 말했듯) 일관성은 진리의 특징입니다. 따라서 신학을 체계로 제시하려는 시도는 전통이 전하는 가르침을 탐구하는 것의 목적인 진리에 대한 관심과 매우 밀접한 관련이 있습니다.

이러한 맥락에서 신론doctrine of God은 조직신학의 과제를 알 수 있게 해주는 가장 분명한 예라 할 수 있습니다. 또한 신론은 조직신학의 가장 포괄적인 주제입니다. 문자 그대로 '조직신학'systematic theology이라는 말은 신론을 체계적으로 다룬다는 뜻을 지니고 있습니다.

서구 문화라는 배경에서 '신(하느님)'God이라는 말은 오늘날에도 거의 단수형으로만 쓰입니다. 누군가는 유일신을 믿을 수도 있고 그렇지 않을 수도 있습니다. 누군가는 '신'을 인간의 투사물, 혹은 신화로 여길 수도 있습니다. 어떠한 경우든 사람들이 언급하는 신은 언제나(적어도 대부분) 유일신입니다. '신'이라는 단어의 그러한 쓰임새는 모든 유한한 실재가 의존하는 힘이라는 생각이 '신'이라는 한마디 말 안에 함축되어 있음을 드러냅니다. 달리 말하면, '신'이라는 말은 만물을 규정하는 힘을 가리키며, 저 힘에 대한 최소한의 설명입니다. 물론 이러한 최소한의 설명이 신이라는 개념이 품고 있는 것을 다 제시하고 있지는 않습니다. 저 힘이 어떠한 힘인지, 즉 자연이 지닌 힘인지 혹은 복수하는 힘인지, 제멋대로 결정하는 힘인지, 정의의 힘인지, 사랑의 힘인지에 대해서 '신'이라는 말은 그 자체로는 아무것도 알려주지 않습니다, 이에 대한 나름의 답들은 각양각색의 신 개념을 낳습니다만, 그렇다 할지라도 어떠한 경우든 '신'이라는 말은 힘을 가리킵니다. 힘이 반드시 폭력적으로 작동할 필요는 없고 설득의 방식으로도 작동할 수 있겠지만, 힘을 결여한 신은 신일 수 없습니다. 신은 인격적일 수도 있고, 아니면 스피노자의 신처럼 비인격적일 수도 있습니다. 성서의 신, 즉 하느님은 분명 인격적이고, 또한 보통 '신'이라는 말은 그 종교적 기원으로 인해 인격적인 함의를 갖고는 있지만, 그것이 신이라는 말에 담긴 생각의 핵심은 아닙니다. 어떠한 경우든 신은 힘입니다. 심지어 다신교에서 이야기하는 신'들'도 '여러 힘들'로 간주됩니다. 유일신의 경우 그러한 힘은 오직 하나뿐이며 따라서 유일신교는 모든 유한한 실재가 그 힘에 의지하고 있다고 여깁니다. 그렇다면 유일신이라는 생각에는 신의 속성으로 간주되는 요건들을 제외하고 그 힘이 무한하다는 뜻이 내포되어 있는지 물을 수 있습니다. 신의 하나됨이 형태의 제한이 없음을 뜻한다면 '유일신'이라는 말이 일관성을 지니고 있는지 물을 수도 있지요. 알프레드 노스 화이트헤드Alfred North Whitehead가 그 대표적인 경우입니다. 그는 유일신이라는 개념이 세계 존재(여기서 세계는 유일신의 피조물로 간주되지 않습니다)와 그 세계의 창조성에 의해 제한을 받는다고 생각했습니다.

유일신에 관한 생각에 대해서는 이쯤 해두는 것이 좋겠습니다. 신이 모든 유한한 실재를 규정한다는 생각은, 곧 신 없이는 그 어떠한 유한한 실재도 온전히 이해할 수 없다는 생각을 포함합니다. 그리스도교 신앙은 우리가 존재하기 위해서는 신, 즉 하느님이 우리를 창조하시고 우리와 관계를 맺으셔야 한다고 주장합니다. 하지만 신앙을 갖지 않는다 할지라도 신에 대한 의존에 바탕을 두고 유한한 것들의 세계, 심지어 인간 세계를 설명할 수 있습니다. 신에 관한 논의가 어떠한 진리 주장을 담고 있다면 신이 지닌 속성의 온전함에서 추상화하여 현실을 그려낼 수 있음을 보여주어야 합니다. 온전한 현실, 심지어 유한한 사물들의 온전함도 사실은 우리의 이해력을 넘어서는 것이기에 추상적인 모형들을 만들어내지 않고서는 우리는 현실에 대한 적확하고도 적절한 지식을 얻을 수 없습니다. 그러나 그때에도 추상적인 모형들의한계, 추상화 작업을 하는 가운데 놓치는 것들이 무엇인지를 우리는 사물의 본질을 헤아려 밝혀낼 수 있어야 합니다. 모든 실체가 신에게 의존한다면, 달리 말해 신이 진정으로 어떤 것의 본질을 구성하고 존재하게 한다면 우리는 그 의존의 흔적을 가리킬 수 있어야 합니다. 그와 반대로 신을 언급하지 않고서도 실체의 본질을 온전히 설명할 수 있다면 그것은 결국 신이 없다는 결론으로 이어지겠지요. 유일신이라는 생각은 모든 유한한 실재가 신에게 의존하고 있다는 뜻을 담고 있습니다. 그러므로 누군가 하느님의 현실성을 주장하려면 그러한 의존이 어느 정도 이치에 맞아야 합니다. 그리고 유한한 현실에 대해 서로 경쟁하는 해석들의 장場에 들어가야만 그러한 주장은 이치에 들어맞을 수 있습니다.

하느님의 현실성은 특별한 체험에 기대서 입증되는 문제가 아닙니다. 인류와 인류 역사의 흐름뿐만 아니라 자연계에 이르기까지 모든 유한한 실재가 하느님에게 의존하고 있음을 설득력 있게 설명해야 합니다. 어떻게 해야 이를 이룰 수 있을까요? 유일한 방법은 하느님의 피조물로서의 세계에 관한 일관성 있는 모형을 제시하는 것입니다. 신학은 언제나 이 모형을 제시하기 위해 애써 왔습니다. 창조론doctrine of creation은 그러한 노력을 담고 있지만, 그것이 유한한 실재의 모든 형태가 하느님에게 의존하고 있는 모든 모습을 그 세부적인 부분들까지 일일이 보여주는 것은 물론 아닙니다. 창조론은 세계를 하느님의 피조물로 이해하면 그 세계는 어떤 모습으로 보일지, 우리가 세계의 창조주에 대해 진지하게 이야기하기 위해서는 하느님을 어떻게 생각해야 할지에 관한 일정한 모형을 만들어낼 따름입니다. 실제로 신학은 창조론을 통해 모든 유한한 것의 본질과 실존이 (그 차이와 특수성에도 불구하고) 하느님께 의존하고 있다는 주장을 다소 일상적인 언어로 설명합니다. 이러한 점에서 본다면 신학은 언제나 자신의 목적을 아주 충분하게는 달성할 수 없습니다. 하지만 그렇더라도 창조라는 신학적 교리는 진실로 하느님이 유한한 실재의 세계를 창조하셨으며, 이를 바탕으로 세계를 일관성 있게 해석할 수 있다는 확신을 키우고 그 타당성을 설득력 있게 제시할 수 있어야 합니다. 창조론은 그러한 방식으로 하느님이라는 말의 쓰임과 연결되어 있는 진리 주장을 설득력 있게 이야기하게 됩니다.

그러나 유일신, 한 분 하느님의 존재를 입증하기 위해서는 피조물로서의 세계를 체계적으로 설명하는 것만으로는 충분치 않습니다. '창조'creation라는 말이 유한한 실체들을 존재하게 한다는 의미로만 제한된다면, 만물을 규정하는 하느님에 대한 믿음을 입증하기 위해서는 창조 활동 이상의 무언가에 대한 진술이 필요합니다. 유한한 실체들을 창조하신 하느님께서 이들을 '지탱'할 수 없다면 그분을 만물을 다스리는 한 분 하느님으로 신뢰할 수 없을 것입니다. 피조물들은 시간의 흐름 가운데 존재합니다. 따라서 하느님이 그들의 존재의 시작에만 관여하신다고 한다면, 피조물들이 자신들의 존재가 이어지는 가운데서 갈망하는 바를 이루기 위해서는 하느님 아닌 어떤 다른 힘에 의존해야 할 것입니다. 살아가는 가운데 지속적으로 위험과 맞닥뜨리고 언제든 파괴적인 힘의 희생양이 될 가능성을 지닌 유한한 존재의 입장에서, 우리는 물음을 던지지 않을 수 없습니다. 참으로 하느님이 모든 피조물을 창조하셨다면 당신의 피조물들이 자신들을 에워싸고 있는 악도 이겨내도록 도우실까요? 아니면 그 문제에 있어서는 피조물들이 다른 힘에 기대야 할까요? 그렇다면 창조주 하느님은 만물을 규정하는 실재가 아닐 것입니다. 논의는 다신론의 차원으로 나아가게 되겠지요. 그렇지 않다면 만물을 규정하는 실재인 하느님이 그저 피조물들이 죽어 사라지는 것을 보기 위해 피조물들을 창조한 것일까요? 그러한 하느님은 결코 사랑이 아닐 것입니다. 그러한 하느님의 창조 활동은 그저 변덕스러운 활동에 불과하겠지요. 그렇다면 하느님의 창조 활동은 한 분 하느님이라는 개념이 암시하는 다른 특성들과 어떻게 일관성을 지닐 수 있을까요? 어떠한 경우든 이 지점에서 그리스도교 신학은 하느님을 만물을 규정하는 실재라고 하는 최소한의 설명 이상을 제공해야 합니다. 즉 저 실재의 현실성과 힘의 성격을 분명하게 드러내야 합니다. 그리스도교 신학에 따르면 하느님의 본성과 힘은 사랑입니다. 그리고 이는 만물을 지탱하고 구원하는 활동 이전에 창조 활동에서 가장 먼저 드러나게 되지요. 피조물이 존재하도록 하는 것 자체가 사랑의 활동입니다. 무언가를 존재하게 하는 창조 활동이 다른 목적을 지닌 것이 아니라 그 자체가 목적이라면 말이지요. 그러나 피조물들이 악과 파괴의 힘에 휘말리게끔 내버려 둔다면 하느님은 사랑이면서 동시에 (만물을 규정하는 실재로서) 전능한 분일 수는 없을 것입니다.

　여기서 신정론theodicy이라는 오래 묵은 문제가 발생합니다. 신정론은 사랑이며 또한 전능한 하느님이라는 생각이 현실 세계에 만연한 악과 파괴의 힘과 만났을 때 일어나는 문제를 보여줍니다. 따라서 하느님이 실제로 존재한다는 가정이 타당함을 입증하기 위해서는 협소한 의미의 창조 이상의 논의들이 필요합니다. 이러한 맥락에서 하느님이 악과 파괴의 힘으로부터 피조물들을 구하시고 마지막 때 이들을 구원하신다는 내용은 그분의 현실성을 입증하는 데 매우 본질적인 요소입니다. 이처럼 창조론은 신에 대한 그리스도교 언어의 진리 주장을 입증하는 과제와 관련이 있다고 할 수 있습니다. 이는 그리스도론christology과 구원론soteriology, 궁극적인 구원을 다루는 교리인 종말론eschatology에서도 마찬가지입니다. 이 마지막 때 이루어질 구원, 최종적인 구원의 사건이 이루어질 때만 하느님의 현실성은 분명하게 규명될 수 있을 것입니다. 그러한 면에서 이 마지막 완성으로 나아가는 신적 경륜divine economy의 모든 과정은 하느님께서 자기 존재를 스스로 입증하시는 과정이라고도 할 수 있습니다.

그러니 이 모든 내용을 창조라는 개념에 포함시킬 수도 있습니다. 하느님의 창조 활동은 오직 마지막 때에, 종말에 완성되기 때문이지요. 이렇게 창조 개념을 넓게 쓴다면, 세계와 그 역사를 하느님의 창조로 해석하는 것은 곧 신에 대한 그리스도교 언어의 진리 주장을 입증하는 것이 될 것입니다. 어떠한 경우든 이러한 주장들의 참됨 여부는 우리가 경험하는 세계에 대한 체계적이고 통합적인 해석을 통해서만 뒷받침될 수 있습니다. 그리고 그 해석은 특정 진리 주장에 대한 판단 기준으로서 일관성이라는 조건으로 표현되는 진리의 통일성뿐 아니라 하느님의 유일성과도 부합해야 하지요.

결국 신에 대한 그리스도교 언어의 진리 주장을 입증하기 위해서는 체계적인 신학, 즉 조직신학이 필요합니다. 이 과제는 하느님의 피조물로서 세계를 포괄적이면서도 일관성 있게 설명하려는 시도를 통해 달성될 수 있습니다. 그리고 여기에는 역사에서 이루어지는 하느님의 활동, 즉 하느님의 경륜을 설명하는 것이 포함됩니다. 헬레니즘 문화 배경에서 살아가던 그리스도교인들, 특별히 이방인 그리스도교인들이 유대인이 믿는 하느님을 믿고, 예수를 그 하느님의 궁극적 말씀으로 보는 자신들의 신앙을 정당화해야 했던 초대 교회 시기 이래 하느님에 관한 그리스도교 교리에 기초해 이러한 포괄적인 해석을 제시하는 일은 늘 조직신학의 몫이었습니다. 정도의 차이는 있더라도 말이지요. 오리게네스Origen

의 저작인 『원리론』On Principles* 이후 세계의 창조와 역사는 물론, 그리스도교 교리에 대한 체계적인 설명을 통해 그리스도교 신앙을 변론하는 일은 꾸준히 이루어져 왔습니다. 그리고 이러한 방식의 신학함doing theology은 (신학을 통해 만물이 하느님과 연관되어 있음을 분명하게 기술한 최초의 신학자였던) 토마스 아퀴나스Thomas Aquinas의 저작들과 같은 고전적인 조직신학 저술들을 낳았습니다. 이러한 신학은 엄밀한 의미에서 신론과 세계에서 이루어지는 하느님의 활동, 즉 하느님의 경륜에 관한 교리들을 통합합니다. 이 둘은 내재적 삼위일체와 경륜적 삼위일체처럼 서로 연결되어 있습니다. 신학에서 만물은 신과 관련을 맺고 있으며 그렇기에 신은 신학의 유일한 주제라 할 수 있습니다.

근대에 이르러서도 그리스도교 교리를 체계적으로 다루는 작업은 계속되었습니다. 아울러 이 시기부터 이러한 작업은 또 다른 측면에서 더욱 중요한 활동이 되었습니다. 근대 초기부터 마주하게 된 새로운 도전들의 복합적 영향으로 인해 체계적 재구성이라는 과제가 훨씬 더 중요한 문제가 된 것입니다.

---

* 『원리론』(아카넷)

근대에 새롭게 제기된 도전 중 두 가지만 소개하자면 첫 번째 도전은 근대 과학의 출현, 그리고 이에 바탕을 두고 전개된 현실 전체에 대한, 특별히 인간의 삶과 역사에 대한 전적으로 세속적인 해석이라는 하나의 완결된 기획입니다. 이는 근대 문화를 형성하는 데 커다란 역할을 했으며 세계에 대한 그리스도교적 해석을 적어도 공적 담론의 영역에서는 쓸데없고 의미 없는 것이 되게 했습니다. 또다른 주요한 도전은 권위에 의지하는 모든 논증 형식에 대한 비판이었습니다. 이 두 번째 도전에 대해서는 좀 더 자세한 논의가 필요한데, 근대적 상황에서 조직신학이 구체적으로 어떠한 기능을 하는지를 분명히 보여주기 때문입니다. 또한 이는 우리를 또다른 주제, 더욱 경외감을 불러일으키는 주제로 인도할 것입니다.

고대부터 17세기에 이르기까지 사람들은 권위를 따르는, 혹은 권위에 기댄 논증을 완전히 합리적인 논증으로 간주했습니다. 학문의 여러 분야에서 권위는 개인이 통찰력을 얻기 위한 필수 불가결한 수단이었습니다. 어떤 분야, 특히 역사 영역에서는 우리의 모든 지식은 영구히 권위에 의존한다고 여겼습니다. 이때 유일한 문제는 그 권위가 신뢰할 만한지 아닌지였지요. 그러나 근대에 접어들면서 분위기는 완전히 바뀌었습니다. 근대 초기의 종교전쟁이 막을 내리자 권위에 기댄 논증은 설득력을 잃어버리고 말았습니다. 이제 권위는 분열된 것, 순전히 관습적인 것, 무엇보다도 인간이 만든 것에 불과했습니다. 사람들은 권위에 기대는 논증을 편견의 포로가 되는 것으로 여기기 시작했지요. 권위와 이성은 더는 조화를 이루지 않고 서로 대립하는 것으로 간주되었습니다. 근대 문화는 편견으로 가득 찬 권위가 아닌 이성의 빛을 따르라고 외쳤습니다.

이는 권위의 영토나 다름없던 역사 분야에 특별한 방식으로 적용되었습니다. 근대 역사학은 역사적 '사료'source라고 불리던 것들을 포함해 과거와 관련된 모든 자료에 대한 비판적 검토라는 방법론에 바탕을 두고 있습니다. 그러한 비판적인 과거 문헌 검토를 통해 근대 역사학이 목표로 삼는 것은 역사 과정에 대한 역사가의 자율적인 재구성입니다. 이때 역사적 지식은 어떠한 권위 있는 전통에도 의존하지 않는 것으로 간주됩니다. 이렇게 역사 분야에서도 이성은 권위와 대립하게 되었습니다.

이러한 상황들은 조직신학에 어떠한 영향을 미쳤을까요? 근대에 이르기까지 그리스도교 교리의 체계적인 재구성은 권위, 즉 교회의 권위 있는 가르침과 성서의 권위를 우선 받아들인 뒤 이에 바탕을 두고 이루어졌습니다. 중세 신학이 전개되면서 그리스도교 교리에 관한 이 두 권위 있는 자료들의 관계는 점점 더 성서 쪽으로 무게가 기울었으며, 종교개혁에 이르러서는 성서의 권위와 교회의 가르침의 권위가 아예 대립하게 되었습니다. 개신교 종교개혁가들은 교회의 권위를 완전히 부정하지는 않았지만 그 권위는 어디까지나 파생적이고 부차적인 것이라 생각했습니다. 그런데 근대에 와서는 모든 권위, 교회의 가르침뿐 아니라 성서 역시 순전히 인간의 산물로 간주되었습니다. 성서 비평은 성서 기록들의 다양성과 모순들, 낡은 자연관에 의존한 기술 등을 증거로 제시하면서 성서가 신적이지 않은, 인간적인 성격을 지녔음을 주장했습니다. 근대의 성서 해석에서 성서는 역사적 문서들의 모음집이었습니다. 이러한 접근이 성서가 하느님의 영감을 받아 기록되었다는 이해를 꼭 배제하는 것은 아니었지만, 그때 '영감'은 근대 이전 그리스도교에서 이해한 '영감'과는 전혀 다른 의미였습니다.

근대의 역사 비평을 토대로 한 성서 해석이 나타나 기존 성서 해석에 승리를 거둔 것은 조직신학에서 더는 신적 진리를 미리 보장된 신학적 전제로 삼을 수 없다는 뜻이었습니다. 전통적인 개신교 교의학Protestant dogmatics은 신학 작업을 시작하기 전에 이미 그리스도교 교리의 신적 진리가 확보되었다고 가정했다는 점에서 중세 스콜라 신학과 크게 다르지 않았습니다. 여기서 체계적인 논증은 전통적 가르침의 진리 주장을 검증하기 위해서가 아니라, 영감을 받은 성서가 권위 있게 제시하는 진리를 설명하기 위해 쓰였을 뿐이지요. 물론, 중세 스콜라 신학뿐만 아니라 개신교 교의학도 전통의 가르침과 성서의 증언에서 어떤 것들을 참된 내용으로 여겨야 하는지를 규정했습니다. 그러나 둘 다 자신의 방법이 지닌 함의와 이미 보장된 진리를 전제하고 있다는 생각 사이의 긴장은 감지하지 못했습니다. 역사 비평, 그리고 권위에 호소하는 모든 주장을 거부하고 의심의 시선을 보내는 근대가 시작되기 전까지는 말이지요. 그러나 근대라는 상황 가운데서도 신학은 진리 물음과 직면해 나름의 체계적 논거를 제시할 엄두를 내지 못했습니다. 다만 진리를 선험적으로 보장하는 권위의 원리를 개인의 체험과 신념의 원리로 대체했을 뿐이지요. 신학은 이제 개인 혹은 공동체가 고백하는 신앙의 내용에 대한 설명으로 간주되었습니다. 여기서 진리는 개인의 결단에 달린 것으로 전제되었습니다. 윌리엄 W. 바틀리 William W. Bartley는 이러한 경향에 대해 "주관주의적 헌신으로의 퇴행"이라고 지적하며 비판했지요. 정말로 이는 온갖 진리 주장에 대한 공적 비평 담론의 장에서 물러나는 것, 개인의 선택이라는 보호 구역으로 피신하는 것을 뜻했습니다. 이러한 태도는 그리스도교의 가르침이 합리적 담론의 한 가능성으로서 진지하게 다루어야 한다는 정당한 주장에 막대한 타격을 주었습니다.

실제로 신학은 주관주의로 물러날 필요가 없습니다. 그리스도교 교리의 내용을 일관성 있게 재진술하는, 체계적 사유의 집적체로서 신학은 진리를 선험적으로 보증하지 않고서도 정립될 수 있습니다. 물론 실제로 신학에 몸담은 이들 대부분은 처음부터 그리스도교의 가르침을 참으로 입증할 수 있다고 확신할 것입니다. 하지만 그러한 확신은 심리적인 동기 부여가 될 뿐 논증을 이루는 것은 아닙니다. 이와 유사하게 신학자는 교회의 권위나 성서의 권위를 받아들일 수도 있습니다. 모든 사람이 성서에 매력을 느끼지는 않을지 몰라도 성서의 권위, 성서가 자아내는 매력은 실로 그리스도교 교회 특유의 매력이라 할 수 있습니다. 그러나 다시 한번 강조하자면, 그러한 영적 권위를 논증의 근거로 착각해서는 안 됩니다. 이는 어디까지나 그 진리 주장을 검토하는 노력에 동기를 부여해주는 것이어야 합니다. 신학 연구와 검토 과정에서 권위는 논증으로 기능할 수 없습니다. 그러한 식으로 활용된다면 논증은 망가지게 될 것입니다. 캔터베리의 안셀무스Anselm of Canterbury는 이 문제에 관해서 만큼은 이후 등장한 대다수 신학자보다 훨씬 민감했습니다.

조직신학의 논의들, 그 안에서 이루어지는 일련의 논증들을 통해 하느님의 활동으로 규정되는 세계에 관한 일관성 있는 모형을 구축할 때 진리 물음은 열려 있어야 합니다. 물론 하느님이 계시고, 예수가 부활했으며, 만물이 그분의 주관 아래 있다는 것이 참으로 밝혀진다면, 그것은 애초부터 진리였기에 참으로 밝혀지는 것이겠지요. 이는 신학자의 노력에 달려 있지 않습니다. 아마도 그렇기에 과거 교회는 신적 진리를 보장하는 힘을 신학적 추론에 앞서 어떤 권위에 귀속시켰을 것입니다. 그러나 성서는 하느님의 영광을 모든 이가 알게 되는 일은 종말 이전에는 일어나지 않을 것이라고 말합니다. 그때까지, 하느님의 계시에 담긴 진리는 계속 논란 가운데 있을 것입니다. 우리의 지식은 바울이 말했듯 불완전하며 이는 다른 무엇보다도 신학적 지식에 해당하는 이야기입니다.* 우리는 이러한 상황을 받아들이고, 사유하기 전에 먼저 궁극적인 진리를 확정하지 말 것을 요구받고 있습니다.

---

* "우리는 부분적으로 알고, 부분적으로 예언합니다."(1고린 13:9)

권위에 기댄 논증을 향한 근대의 비판과 주관주의적 헌신으로 물러나는 것에 대한 교회의 비판으로 인해 많은 신학자는 그리스도교의 변증과 교의학을 포기함으로써 그리스도교의 진리 주장을 접어 버리고, 당대 사람들이 의미 있다고 여기는 문제들에만 관심을 기울였습니다. 하지만 그리스도교가 진리라는 것을 전제할 수 없다는 이유로 낙담하거나 그리스도교가 진리라는 신념을 버릴 필요는 전혀 없습니다. 그리스도교 교리를 체계적으로 재구성하려는 노력은 과거보다 더욱더 필요해졌습니다. 이제는 이러한 틀을 통해 그리스도교 전통의 진리 주장을 다루어야 한다는 것이 분명해졌기 때문입니다. 물론 그 결과는 잠정적인 것으로 남겠지만, 이는 근대 학문의 정신과도 어울릴 뿐만 아니라 구원사 자체가 완결되지 않은 데서 비롯되는 우리 지식의 잠정적인 모습에 대한 바울의 이해와도 부합합니다. 이러한 방식으로 조직신학을 하는 것은 권위를 존중하고 그 위에서 신학적 논의를 진행하는 것보다 그리스도교 교리에 담긴 궁극적 진리에 대한 개인적 확신과 훨씬 더 양립할 수 있습니다. 그리스도교인은 하느님의 현실성을 분명히 드러내는 일을 하느님께 기꺼이 맡겨드릴 수 있어야 합니다. 그리고 하느님이 전하는 풍요로운 진리에 만족하되 그 모호성을 받아들이고 희미하게나마 이를 그려내야만 합니다. 이러한 과정에서 우리는 진리에 다시금 확신을 갖게 될 것입니다. 바로 여기에 조직신학의 자리가 있습니다.

이러한 방식으로 조직신학을 수행하는 것은 세속 학문 영역에서는 물론 성서 해석과 교리사 분야에서 오늘날의 관점으로 전통적인 교리를 재진술하는 과제에 국한되지는 않습니다. 오늘날 조직신학은 성서가 증언하는 하느님이 어떻게 만물의 창조주이자 주님으로 이해될 수 있는지를 예증할 수 있는 구성 작업에 힘을 쏟아야만 합니다. 달리 말하면 신학의 체계는 세속 학문들이 획득한 풍부한 통찰을 자연, 인간의 삶, 역사에 깃들어 있는 신비에 적용해 독자적인 종합을 이루는 데 관심을 기울여야 합니다. 엄밀한 의미에서 신학의 체계가 세속적인 통찰을 포섭할 때만 전통적인 교리의 진리 주장들은 재서술될 수 있습니다. 물론 신학이 세속 학문들의 성취를 포섭하는 일은 여러 학문의 개별적인 결과들을 선별해 가져오는 식으로는 일관성 있게 이루어질 수 없습니다. 신학은 각 학문 분야에서 수행한 연구의 방법론적 틀을 비판적으로 성찰할 수 있어야 합니다. 세속 학문의 세부 내용을 비판을 거쳐 신학의 틀로 담아낸다면 그것들이 이전과는 다른 형태를 지니게 될지라도 여전히 이전 학문 분야의 기준에 부합할 수 있을 것입니다. 그러나 새로운 토론과 논쟁 없이 이러한 작업은 결코 이루어질 수 없습니다. 이때 조직신학자는 논쟁을 회피해서는 안 됩니다. 그러한 논쟁은 우리의 눈을 열어 양쪽 모두에게서 새로운 가능성을 엿보게 해줄 수 있습니다. 논쟁은 아무런 관계도 맺지 않고 공존하는 것보다 훨씬 낫습니다. 논쟁 가운데 우리는 끊임없이 오직 하나뿐인 진리에 관심하게 되기 때문이지요. 그러한 과정에서, 어느 정도는 합의가 되어 새로운 종합의 윤곽이 아주 가끔 눈에 보일 때도 있을 것입니다. 물론 현재 모든 면에서 완벽하게 합의가 된 보편적인 종합이 이루어지리라 전망하기란 쉽지 않습니다. 겉핥기와 같은 어설픈 앎의 위험은 늘 가까이에 있습니다. 그러니 신학을 통해 하느님의 진리를 체계적으로 탐구하는 데서 나오는 흥분에 도취해 우리가 마치 진리 자체를 손아귀에 쥐고 있다고 착각해서는 안 될 것입니다.

02

그리스도교 신론의 문제

신학에서 신, 하느님이라는 개념은 단순히 여러 주제 중 하나가 아닙니다. 중심이 되어 거기서부터 다른 나머지 주제들이 엮이는, 그야말로 핵심 주제입니다. 하느님을 제거한다면 우리가 '신학'이라고 부르는 이 특별한 노력을 애써 이어가야 할 이유가 전혀 없습니다. 그리고 예수의 가르침, 그의 생애는 인류 문화사에 독특한 공헌을 남겼다는 정도로 기억되겠지요. 하느님의 현실성이 없다면 예수의 가르침은 그 핵심을 잃어버리게 됩니다. 이는 교회도 마찬가지입니다. 물론 교회는 값싼 비용으로 심리적 안정을 선사하는 유사 심리 치료 기관으로, 도덕을 옹호하고 일정한 윤리 지침을 제시하는 기관으로 존속할 수도 있습니다. 그러나 신학이 지닌 특별한 과제, 그리고 이에 더하여 교회가 지닌 고유한 소명을 진지하게 이야기하려면 하느님의 현실성은 결정적입니다. 그러므로 신, 하느님이라는 개념은 다른 개념으로 대체될 수 없습니다. 해석이 필요한 개념이기는 하지만, 그렇더라도 신이라는 개념은 다른 무언가를 가리키는 은유도, 인간 마음의 변화무쌍한 욕망들을 가리키는 상징도 아닙니다. '하느님'이라는 말이 사라지는 순간 인간됨이 뜻하는 것의 전체 차원이 사라집니다.

세속 문화 세계에서 사람들은 '하느님'이라는 말을 당연시하지 않으며, 혹 그렇다 해도 종교 언어의 징표, 종교 담론이라는 고립된 섬 안에서만 유효한 말이라고 여깁니다. 이것이 신학함이 이루어지는 오늘날 상황이 지닌 특징입니다. 이제 만물을 아우르고 다스리고 심판하며 설명하는 궁극적인 실재를 가리키는 '신', '하느님'이라는 말은 자명하지 않습니다. 세속주의 정신은 그러한 궁극적 실재가 과연 존재하는지 끊임없이 의심합니다. 물론 세속주의자들도 사람들이 궁극적인 관심을 기울이는 것, 혹은 궁극적인 관심을 기울이는 것처럼 보이는 것을 존중하기는 합니다. 사실 다양한 형태의 세속주의 가운데 인간은 자신이 속한 사회를 궁극적인 실재, 현실로 간주합니다. 이러한 세속주의의 은밀한 우상숭배는 하느님이라는 주제가 결코 간단히 제거해 버릴 수 없는 문제임을 보여줍니다. 세속주의는 모든 이에게 이 문제가 이미 종결되었다고 설득하려 하지만 말이지요. 그러한 면에서 종교인들 가운데서도, 최소한 공공 담론의 장에서만큼은 그러하다고 생각하는 이들이 있다는 것은 안타까운 일입니다. '신의 죽음'death of God을 신학의 구호로 삼자는 우스갯소리가 일시적인 유행으로 판명되었음에도 말이지요.

좀 더 심각한 문제는 상당수 성직자, 목회자가 하느님의 현실성을 확신하지 못하고 있다는 것, 그 결과 자신들이 전해야 할 메시지를 변화하는 시대 분위기에 맞추기 위해 필사적으로 애쓰고 있다는 것입니다. 그러나 그들이 다른 무엇보다 해야 할 일은 세속 문화의 우상숭배를 드러내는 것입니다. 사람들의 머리와 가슴에 하느님의 궁극적 현실성을 새길 수 있도록 힘써야 합니다. 이는 종교에 정통한 문화보다 도리어 세속주의로 물든 문화에서 훨씬 더 중요한 과제가 되었습니다. 그리고 이를 수행할 수 있는 이는 설교자와 신학자밖에 없습니다. 하느님의 궁극적 현실성을 역설하는 일, 우리 삶에 대한 그분의 정당성을 주장하는 일은 세속 문화의 정신에 순응하는 것이 아니라 세속 문화가 근본적으로 결여하고 있는 것을 메우는 일입니다. 그러나 이는 역설적인 결단 따위를 요구하지 않습니다. 오히려 요구되는 것은 계몽, 즉 새로운 빛을 받아들이는 것입니다. 세속주의 시대의 편견으로 인해 억압된 것을 새롭게 조명하는 일 말이지요.

그러므로 오늘날 신학자는 합리적인 논증을 통해 신론을 재진술해야 하는 과제를 지니고 있습니다. 이는 결코 쉬운 일이 아닙니다. 몇 가지 이유가 있지요. 우선 고전적인 형이상학과 밀접한 관계를 맺으며 중세와 근대 초기에 발전된 하느님 개념은 철저하게 개정될 필요가 있습니다. 근대 무신론자들이 만든 이론들과 그들이 자신의 논점을 확립하기 위해 전개한 논증의 세부 사항들이 그렇게 설득력 있다고 할 수는 없습니다. 그럼에도 고전적인 하느님 개념에 대한 그들의 근본적인 비판에는 진리의 중요한 요소들이 담겨 있습니다. 따라서 하느님에 대한 고전적인 신학의 언어, 혹은 형이상학적인 언어의 개정은 불가피합니다. 그리스도교 신론을 재구성할 때 맞닥뜨리게 되는 두 번째 주요 난관은 현대 철학에서 형이상학이 비참한 상황에 놓여 있다는 점입니다. 고전적인 신론을 재평가할 때 하느님에 관한 철학적인 교리를 포함한 위대한 형이상학적 전통은 비판적으로 접근할 필요가 있으나, 이를 완전히 부정하는 것은 별다른 도움이 되지 않습니다. 그러나 몇몇 예외를 제외하면 현대 철학자들은 형이상학의 물음들로부터 등을 돌렸습니다. 좀 더 정확하게 말하자면, 그들은 체계를 구성하려는 정신을 갖추고 형이상학의 주제들에 몰두하기를 중단했습니다. 언어 분석 학파schools of language analysis는 형이상학적 사고로 이어지는 것으로 추정되는 잘못된 언어 사용을 밝혀내면 형이상학이라는 짐을 덜어낼 수 있으리라고 생각했습니다. 하지만 이는 순진한 희망이었지요. 정작 이 학파의 주요 철학자들은 이 목표를 결코 성취할 수 없다고 판단했습니다. 그러나 여전히 형이상학 전통의 문제들과 주제들은 역사 연구를 제외하면 오늘날 철학에서 거의 다루어지지 않습니다. 물론 형이상학의 유산을 현대적인 사유에 비판적으로 다시 적용해보는 시도가 필요하다고 생각하는 철학자들이 늘고는 있지만, 그 결과는 거의 찾아보기 어렵습니다. 따라서 오늘날 신학자들이 신론의 비판적 재구성이라는 과제를 감당하기 위해 고전적인 신론에 담긴 형이상학적 함의와 씨름할 때 철학에게서 받을 수 있는 도움이란 지극히 미미한 형편입니다.

물론 형이상학으로부터 등을 돌린 현대 철학의 주요 흐름에서 벗어난 몇몇 예외가 후기 관념론 철학에서 등장하기는 했습니다. 그중 가장 중요한 것은 앙리 베르그송Henri Bergson

이 창시했고 특별히 화이트헤드의 체계에서 그 구체적인 형
태를 갖게 된 과정철학process philosophy입니다. 이러한 면에서
적잖은 현대 신학자가 신론의 재구성이라는 과제를 수행했
을 때 과정철학에 의지해 도움을 받고자 했던 것은 충분히
이해할 만한 일입니다. 한편 존 맥쿼리John Macquarrie* 같은 이
는 하이데거의 철학에 의지했습니다. 언어 분석 철학자들이
그러했듯 하이데거 역시 철학적 신학 전통을 완강하게 거부
했지만 말이지요. 제가 보기에 이러한 시도들은 모두 충분치
않습니다. 우선 신학자는 특정 철학 체계에 과도하게 의존하
지 말고 현대 철학이 형이상학 전통과 펼치는 대화에 비판적
으로 참여해야 합니다. 신학자는 이 과제에 포함된 문제들,
그리고 여러 현대 철학자가 도출한 결론들과 관련해 자신만

---

* 존 맥쿼리(1919~2007)는 성공회 사제이자 신학자다. 글래스고 대학교
에서 철학과 신학을 공부했고 글래스고 대학교에서 박사 학위를 받았
다. 글래스고 대학교에서 강의를 하다 유니온 신학교의 조직신학 교
수로 초빙받아 학문 활동의 자리를 미국으로 옮겼고(1962~1970) 미국
에서 생활하는 동안 성공회 신자가 되어 1965년 사제 서품을 받았다.
1970년 영국으로 돌아와 옥스퍼드 대학교의 레이디 마거릿 교수가 되
어 신학과 철학을 가르쳤다. 20세기 후반 영미권을 대표하는 조직신
학자, 철학적 신학자로 꼽히며 하이데거의 『존재와 시간』Sein und Zeit
을 영어로 번역해 소개한 이로도 명성이 높다. 주요 저서로 『실존주의
신학』An Existentialist Theology, 『그리스도교 신학의 원리』Principles of Christian
Theology 등이 있으며 『20세기 종교 사상』(나눔사), 『하이데거와 기독교』
(한들), 『신과 인간사이』(대한기독교서회) 등이 한국어로 소개된 바 있다.

의 판단을 형성해야 합니다. 화이트헤드의 경우만 보더라도 그는 형이상학 전통을 지극히 선별적이고 주관적으로 활용했습니다. 신학자는 철학 전통과의 대화에 참여하지 않은 채 화이트헤드나 하이데거의 체계가 내린 결론을 덜컥 가져다 써서는 안 됩니다.

조직신학의 과제가 지닌 이러한 측면, 특히 신이라는 개념을 논할 때 이 측면의 중요성을 강조하는 이유는 근대 신학에서 신학적 논증의 지적 진지함을 해칠 정도로 자주 이를 무시했으며 심지어는 공개적으로 배제했기 때문입니다. 분명 그리스도교 신학의 신론은 특정 종교적 관점에서 분리된 순수한 형이상학적 논증은 아닙니다. 하지만 그럼에도 불구하고 그리스도교 신론의 역사적 전개 과정을 통틀어 보면 형이상학적 고찰은 신학과 관련해 합리적 타당성을 검증하는 차원에서 중요한 비판적 기능을 담당했습니다. 교부들, 스콜라 신학자들뿐 아니라 고전적인 프로테스탄트 교의학을 대표하는 학자들도 자신들이 하는 일을 철학적 논증의 지적 표준에 충족시키려 노력했습니다. 심지어 그들이 특정한 철학적 가정들을 비판할 때도 말이지요. 이러한 모든 경향이 근대 신학에서는 흐려졌습니다. 적절한 신학적 사유가 아닌 것이 무엇이냐는 논의를 하는 와중에 '자연신학'natural theology이라는 명칭이 모호하게 쓰였기 때문이지요. '자연신학'에 대한 거부는 신학이 철학과의 대화에 진지하게 참여하지 않는 것에 대한 일종의 구실이 되었습니다. 그러나 철학적 신학 전통과 비판적 대화에 참여하는 것은 이른바 '자연신학'을 하는 것이 아니라 신학 언어에 대한 비판적 검토를 수행하는 것이라 할 수 있습니다. 이러한 검토의 필요성에 주의를 기울이지 않으면 않을수록, 신학 언어는 점점 더 주관적이고 비합리적인 언어가 되어버렸습니다. 전통적인 신앙 공식들과 고백들의 의미를 충분히 숙고하지 않은 채 그대로 쓰는 것은 주관주의의 특징입니다.

신론의 재구성이라는 문제로 되돌아가지요. 동시대 대다수 신학자보다 전통적인 신론이 지닌 문제들에 대해 경각심을 보였던 대표적인 현대 신학자로 폴 틸리히Paul Tillich를 들 수 있을 것입니다. 그와 관련해서는 두 가지만 말해보겠습니다. 우선 순전히 초월적인 신이라는 관념을 틸리히는 싫어했습니다. 그렇다고 그가 범신론자pantheist라는 이야기가 아닙니다. 그는 모든 유한한 존재들과 대비를 이루는 하느님의 타자성을 강조했습니다. 그리고 틸리히는 하느님을 단순히 초월적인 존재로 상상하는 것은 또 다른 방식으로 그분을 유한한 실재로 오해하는 것임을 잘 알고 있었습니다. 그래서 그는 하느님을 "모든 존재자의 무한하고 다함 없는 깊이이자 바탕"[1]이라고 표현하기를 선호했습니다. '깊이'라는 표현은 특별히 존 A. T. 로빈슨John A. T. Robinson* 주교를 통해 대중에게도 널리 알려졌습니다. 그는 이 심상을 세계 외부에서 인간과 관계를 맺는 분, "저 위의" 하느님이라는 전통적인 심상과 대조시켰지요. 로빈슨 주교는 우리 삶의 "깊이"에 있는 하느님이라는 심상과 디트리히 본회퍼Dietrich Bonhoeffer가 옥중서신에서 언급한 "우리 삶 한가운데" 임하는 초월적인 하느님이라는 생각을 결합했습니다.[2] 틸리히와 로빈슨 주교의 제안이 지닌 문제점은 두 제안 모두 그리스도교 전통이 그리는 하느님, 하느님의 현실성이 지닌 인격적 특성을 제대로 설명하지 못한다는 데 있습니다. 하느님과의 인격적인 만남

---

1 Paul Tillich, *The Shaking of the Foundations* (1948), 57. 『흔들리는 터전』(뉴라이프)

* 존 A.T.로빈슨(1919~1983)은 영국의 성공회 사제이자 신학자이다. 케임브리지 대학교에서 공부했으며, 울위치 주교를 지냈고, 신약성서학을 가르치며 케임브리지 대학교 트리니티 칼리지 학장을 지냈다. 다양한 저술을 통해 전통적인 초월적 신 개념을 비판하며 이른바 '세속화 신학'의 대표적인 인물이 되었다. 주요 저서로 출간 즉시 전세계적으로 큰 반향을 일으켰으며 한국에도 소개된 『신에게 솔직히』Honest to God(대한기독교서회)을 비롯해 『세계에서 교회가 된다는 것』On Being Church in the World, 『신약성서는 신뢰할 수 있는가?』Can we trust the New Testament?등이 있다.

2 J. A. T. Robinson, *Honest to God* (1963), 22~23, 53ff.

은 그 자체로 그분과 우리가 완전히 다르다는 것을 전제합니다. 틸리히가 삼위일체 교리를 좀 더 진지하게 숙고했다면 이 문제를 좀 더 적절하게 대할 수 있었을 것입니다. 로빈슨 주교는 고전적인 그리스도교 신학이 삼위일체 교리를 통해 하느님의 인격적인 속성을 다루고 있음을 알고 있었습니다. 그리스도교 신앙은 하느님을 하나의 인격(위격)이 아닌, 세 인격(위격)을 지닌 분으로 고백합니다.[3] 이러한 고백은 그리스도교인들이 그분을 사람처럼 여겼기에 내린 결론이 아닙니다. 한 분 하느님은 성부, 성자, 성령의 상호작용이라는 구체적인 삼위일체적 삶과 관련해서만 인격적입니다. 안타깝게도 틸리히와 로빈슨 주교는 유일신론에 대한 그리스도교적 이해를 보여주는 이 삼위일체 교리의 의미를 충분히 숙고하지 않았습니다. 그 결과 하느님을 삶의 깊이로, 모든 존재자의 터전으로 보는 그들의 이해는 상당히 피상적인 주장이 되었고 '하느님'이라는 말의 인격적인 함의는 그저 은유처럼 들리게 되었습니다.

하느님과 관련해 상징적이지 않은 유일한 진술은 하느님을 '존재'being라고 부르는 것, '어떤 한 존재자'a being가 아니라

---

3 위의 책, 39~44. 그리고 다음을 참조하라. C.C.J.Webb, *God and Personality* (1919).

모든 존재자가 존재하도록 가능케 하는 힘이라는 의미에서 '존재'라고 부르는 것이라는 틸리히의 주장은 널리 알려져 있습니다. 이러한 맥락에서 그는 '어떤 한 존재'로, 심지어 최고의 존재로서 하느님을 개념화하는 것도 거부했지요. 최고의 인격적 존재로서의 하느님 개념 또한 마찬가지였습니다. 이와 관련해 "그러한 최고의 인격자 (개념)에 대한 무신론자들의 저항은 옳다"고 그는 분명하게 말했습니다.[4] 다른 존재자들과 더불어 있으면서 그들과 구별되는 존재 개념이라 할지라도 어떤 하나의 존재라는 뉘앙스를 보이면 틸리히는 이를 우상숭배로 여겼습니다. 이는 하느님을 우리가 세상에서 마주하게 되는 유한한 대상 중 하나로 착각하는 것이라고 생각했기 때문입니다. 틸리히는 자신의 주장이 전통적인 그리스도교 신학의 중요한 흐름 중 하나와 어느 정도 연속선상에 있음을 알고 있었습니다. 바로 하느님을 모든 유한한 존재와 구별되는 "존재 자체"ipsum esse로 보았던 토마스 아퀴나스의 사상 말이지요.[5] 또한 틸리히는 특정한 존재와 날카로운 대비를 이루는 "존재 그 자체"being as such를 이야기했던 하이데거 사상의 영향을 받았습니다.

---

4   Paul Tillich, *Systematic Theology*, I (1953), 271. 『조직신학』(한들)
5   Thomas Aquinas, *Summa Theologica*, I, q.13 a.11. 『신학대전』(바오로딸)

하지만 하이데거가 "존재 그 자체"라는 표현을 썼던 이유는 하느님에 관한 모든 관념을 배제하기 위해서였습니다. 그에 따르면 어떠한 신 관념이든 "어떤 한 존재"가 되기 때문이지요. 틸리히는 이 문제를 다루지 않았고 이는 맥쿼리도 마찬가지였습니다. 둘 중 누구도 토마스 아퀴나스의 논의가 하이데거와는 매우 다름을 언급하지 않았습니다. 아퀴나스는 무언가가 그 무언가로서 존재하기 위한 행위가 자신의 특정한 본질을 보완하기 위한 부가적인 것이 되는 것들을 제외했을 뿐 하느님이 "어떤 한 존재"로 있을 수 있다는 생각을 배제하지 않았습니다. 그에 따르면 하느님이 다른 모든 유한한 존재와 다른 점은 본질을 전혀 갖지 않는다는 것이 아니라 존재와 본질이 일치한다는 것입니다. 그렇기에 아퀴나스는 하느님을 최고의 존재라고 이야기할 수 있었습니다. 이러한 공식화는 아퀴나스가 하느님에 대해 심각하게 착각하고 있다거나 철저하게 사고하지 않았음을 보여주는 것이 아니라 오히려 틸리히와 맥쿼리를 넘어서는 정교한 사유를 했음을 보여줍니다.

하느님의 현실성과 유한한 존재들을 구별하려는 의도 아래 하느님을 다른 사물들과 구별되는 무언가로 부르는 것은 충분히 논리적입니다. 그리고 여기에는 하느님을 "어떤 한"

존재로 간주하는 것이 포함됩니다. 이를 피할 수 있는 길은 무신론뿐입니다. 그렇다면 비존재와 반대되는 존재 그 자체와 특정한 존재들 사이에는 어떠한 차이도 없을까요? 물론 차이가 있습니다. 하지만 얼핏 보았을 때 존재의 일반적인 속성은 실제로 존재하는 것 모두에게 공통으로 있는, 가장 일반적인 속성에 지나지 않습니다.

여기서 개념실재론conceptual realism의 문제가 발생합니다. 우리가 일반적으로 쓰는 개념들은 현실적 실체의 조건뿐 아니라 그 자체로 있는 현실을 가리키는 것일까요? 토마스 아퀴나스는 중세의 개념실재론에 동의했고, 그렇기에 그의 사상에서 하느님을 "존재 자체", 자존자subsistent being라고 묘사하는 것은 충분히 일리가 있었습니다. 그러나 대다수 현대 사상가는 그러한 언어가 추상적인 것을 실체화한 것이라고, 즉 본래 추상적인 것을 구체적으로 실재하는 것으로 여기는 것이라고 생각합니다. 틸리히와 맥쿼리는 이 문제를 진지하게 다루지 않았고 그러기에 그들이 말하는 "존재 그 자체"는 모호한 표현으로 취급될 수밖에 없습니다. 하이데거는 존재자들과 존재를 단순히 대조하기보다는 존재와 대비되는 무nothing를 통해 다른 방식으로 "존재 그 자체"라는 관념을 소개했지만, 이 또한 추상적인 것을 구체적으로 실재하는 것으로 착각했다는 의혹을 완전히 벗겨내지는 못했습니다.

'존재'라는 존재론적 언어는 현실 전체를 아우르는, 포괄적인 전망을 제공할 수 있다는 장점을 지니고 있습니다. 그래서 그리스도교 신학자들은 하느님이라는 개념과 관련해 저 말을 지속적으로 써왔던 것이지요. 하느님의 유일성을 강조할 때 그 핵심은 그분이 만물의 원천이며, 만물을 유지하고 완성하는 분으로 만물과 끊임없는 관계를 맺고 있다는 데 있습니다. 바로 그러한 식으로, 만물을 창조하고 지탱하며 구원하는 존재라는 점에서 성서의 하느님은 오직 한 분입니다. 하느님을 최고의 존재, 다른 모든 존재의 원천이라고 하는 존재론적 언어는 한 분 하느님이라는 관념이 주장하는 보편적 의미를 설명하는 데 기여했습니다. 하지만 존재론적 언어는 이를 매우 일반적이고 추상적인 형태로 제공했습니다. 그렇기에 존재와 존재자들에 관한 존재론적 진술은 하느님이라는 개념이 우리가 알고 있는 우주와 구체적으로 어떠한 관계를 맺고 있는지 세밀하게 다루지는 못했지요.

그러한 면에서 과정철학은 하느님이라는 관념이 내포하고 있는 우주론적 기능을 훨씬 더 구체적으로 기술할 수 있게 해줄 수 있는 장점을 지니고 있습니다. 특히 화이트헤드의 과정철학은 자연 세계를 설명하면서 하느님이라는 관념이 어떠한 중요성을 지니고 있는지를 논의하고 이를 현대 과학 활동과 잇는다는 점에서 매우 인상적인 현대 자연철학이라 할 수 있습니다. 그렇기에 이에 대한 대다수 현대 철학자의 회의적인 시선과는 달리 많은 신학자가 과정 형이상학에 열광한 것도 충분히 이해할 만한 일입니다. 이 틀을 받아들이면 하느님에 관한 주장들은 단순히 인간의 주관성이나 신앙의 결단에만 근거를 두지 않게 됩니다. 더 나아가 이 틀은 우주의 속성이 무엇인지, 하느님이 통치하는 우주의 질서 속에서 인간이 어떠한 위치에 있는지 숙고할 수 있게 해주지요.

그러나 과정신학은 창조라는 개념을 받아들이지 않습니다. 화이트헤드, 그리고 그를 따르는 이들에게 신은 기본적으로 자기 구성적인 성격을 지닌 현실적 존재actual entity의 구조에 속한 부분에 지나지 않습니다. 이러한 신은 성서가 증언하는 창조주 하느님이 아닙니다. 게다가 화이트헤드에게 신은 영원히 존재함으로써 다른 현실적 존재들과 구별되기는 하나 현실적 존재 중 하나입니다. 이 철학에 따르면 모든 현실적 존재는 유한합니다. 심지어 신이라고 해도 말이지요. 그렇게 화이트헤드는 유한한 실재들로 이루어진 다원론적 우주를 그립니다. 하지만 유한한 실재라는 개념은 무한을 전제한다고 볼 수 있습니다. 유한한 실재가 다른 것과 구별되어 그 고유성을 결정할 수 있게 되는 무한한 지평으로서의 무한 말이지요. '유한'finite은 한정된 것을 가리키므로 한 실재를 다른 실재와 구분하고 구별하는 활동은 유한성finitude이라는 개념과 연결되어 있으며, 이러한 구별과 구분이 가능하려면 그 모든 차이가 드러나는 포괄적인 장場, field이 있어야 합니다. 바로 이 때문에 데카르트Descartes는 「제3 성찰」Third Meditation에서 모든 유한한 것에 대한 무한한 것의 우선성을 주장한 것입니다. 이는 단지 정신의 작용뿐만 아니라 모든 특수한 것보다 그 장이 우선성을 갖는 자연계에도 마찬가지로 적용됩니다. 자연계의 물질적 현상은 보편적 장의 발현으로 보아야 합니다.

신 개념과 모든 유한한 것에 대한 무한한 것의 우선성을 신 개념과 연결했다는 점에서 데카르트는 그리스도교 형이상학의 전통을 따랐다고 할 수 있습니다. 니사의 그레고리오스Gregory of Nyssa 이래 그리스도교 신론은 무한을 하느님의 본성으로 생각했습니다. 아리스토텔레스, 플라톤의 형이상학과는 사뭇 다른 이러한 방식으로, 그리스도교는 주로 거룩함holiness이라는 관념으로 표현되는 신의 철저한 타자성otherness, 어떠한 피조물도 이를 수 없는 신의 타자성에 대한 성서의 통찰을 설명했습니다. 모든 유한한 것을 넘어, 그 초월 가운데 하느님은 거룩하십니다. 그분이 '저 위'나 '저 바깥' 그 어디에 매이지 않으시면서도 유한한 실재들로 이루어진 세계 안에 계실 수 있는 것은 바로 그러한 초월 때문입니다. 본회퍼가 말한 대로 무한하신 하느님은 우리 삶 한가운데에서, 우리를 넘어 계십니다. 모든 유한한 것은 무한한 것에 의해 구성되며, 무한한 것이 있기에 그것들이 있을 수 있습니다. 폴 틸리히 역시 이 전통 위에 있습니다. 앞에서 그를 비판한 것은 그가 무한자로서의 하느님 표상을 고수했기 때문이 아니라 그가 존재라는 모호한 개념과 하느님을 동일시했기 때문입니다. 틸리히가 자신의 신론을 일관되게 무한자라는 개념에 근거해 전개했다면 그의 논증은 훨씬 더 설득력 있었을 것입니다.

또한 앞서 저는 틸리히가 제시한 하느님 개념이 하느님에 관한 성서의 증언에 비추어 봤을 때 인격적인 구체성을 결여하고 있다고 비판한 바 있습니다. 이 점에서는 하느님을 무한자로 보는 것이 틸리히의 존재 개념보다 더 낫다고 할 수 없습니다. 하지만 그편이 하느님을 '아버지'라고 하는 것, 그리고 이러한 하느님이 아들 안에서, 성령을 통해 나타난다는 전통적인 고백과는 훨씬 더 조화를 이룰 수 있지요. 실제로 하느님을 무한자로 보는 생각은 성자, 성령과의 친교 가운데 한 분 하느님으로 나타나시며 이분을 우리가 아버지라고 부르는다는 그리스도교의 증언을 설명하기 위해 니사의 그레고리오스가 도입한 것입니다. 그러나 어떠한 경우든 하느님과 구체적이고 인격적인 관계를 맺는 유일한 길은 계시를 통해서만 가능합니다. 예수처럼 하느님을 아버지라고 부르는 것은 당연한 일이 아닙니다. 그가 그토록 친근하고 친밀하게 하느님이라는 신비에 다가갈 수 있게 해주는 것은 하느님과 그분의 나라가 가까이 왔다는 자신의 독특한 메시지였습니다. 그러므로 하느님과 관련된 그리스도교 언어에서 "아버지"는 대체할 수 있는 은유가 아닙니다. 그렇지 않으면 이 말은 '어머니'나 '친구' 같은 말과 같은 층위에 있는 하나의 은유적 표현이 되겠지요.

하느님에 관한 그리스도교 언어에서 '아버지'라는 말은 우리 그리스도교인이 하느님에 대해 말하고 이야기 나누는 방식이 예수가 말한 바로 그 하느님과 연관이 있음을 보여줍니다. '아버지'라는 말이 정말로 그렇게 기능하기 위해서 우리는 예수가 '아버지'라는 말을 구체적으로 어떻게 썼는지를 정확하게 이해해야 합니다. 세월이 흐르면서 '아버지'라는 말은 온갖 오해를 낳을 수 있는 뜻들을 갖게 되었습니다. 그

말만 따로 떼어놓는다면 '아버지'라는 말은 예수가 하느님과 관계 맺는 방식과의 일치 여부를 판단하는 기준으로서 온전한 역할을 맡을 수 없습니다. 하지만 그렇다고 해서 이 말을 다른 말로 대체한다면, 이는 우리가 예수와 같은 방식으로, 그가 말했던 하느님과 같은 하느님에 대해 이야기하고, 그분을 말하고 있음을 보장해 주는 것을 없애는 것이 되겠지요. 예수의 가르침과 기도에서 '아버지'라는 말은 단순한 상징이 아니라 이름으로 기능했습니다. '아버지'라는 말은 예수가 썼던 하느님의 유일한 이름이었습니다. 그리고 오직 그러한 방식으로, 그렇게 하느님을 부르고 그분과 관계 맺음으로써 말로 표현할 수 없는, 하느님이라는 신비가 인격적인 속성을 얻게 되었습니다. 이렇게 그리스도교 신앙에서 하느님의 인격적 특성은 예수가 썼던 '아버지'라는 말과 결부되어 있습니다. 삼위일체에서 두 번째 위격(인격)을 나타내는 '아들'이라는 말은 하느님의 인격적인 이름인 '아버지'에서 유래했으며 성령 또한 이 아버지와 아들과의 관계 속에서 인격적인 것으로 이해될 수 있었습니다. 따라서 하느님의 인격적 구체성은, 적어도 그리스도교 전통에서는 '아버지'라는 이름에 의존하고 있습니다. 따라서 이 이름을 다른 이름으로 대체하는 것은 필연적으로 다른 신에게 의지하는 결과를 낳습니다. 예수가 하느님에 대해 말하고 하느님을 부르는 방식과 우리가 상징적 언어들을 활용해 하느님에 대해 추측하는 방식을 같은 수준으로 여겨서는 안 됩니다. 예수는 그 방식의 궁극성을 주장할 자격을 지니고 있습니다. 우리의 종교 언어 가운데 하느님을 명명하는 데 적절한 말은 없습니다. 그렇기에 종교는 수많은 말과 상징을 사용하지요. 그 모든 것은 그것들이 가리키는 신성한 실재와 근본적으로 무관하기에 다른 말로 대체할 수 있습니다. 그러나 그리스도교 신앙은 예수가 하느님과 관계 맺는 방식이 저 신성한 실재 그 자체와 무관하지 않다고 언제나 확신했습니다. 여기서 그 궁극성이 나옵니다. 그러므로 예수가 하느님을 아버지라고 불렀을 때 그는 영원한 '아들'로서, 아들의 자격으로 그렇게 한 것입니다. 아들이 영원하다고 한 것은 아들이 아버지라 부르는 그 신적 신비, 그 영원한 실재를 나누기 때문입니다. 그 영원한 본성을 나누었기에 그는 하느님의 참된 이름을 부를 수 있습니다. 성서는 말합니다.

아들과 또 아들이 계시하여 주려고 하는 사람 밖에는 아버지를 아는 이가 없습니다. (마태 11:27)

물론 그리스도교에서 예수가 영원한 아들의 지위에 있다고 보는 이유는 그가 하느님을 아버지라고 불렀기 때문만은 아닙니다. 이에 대해서는 네 번째 장에서 좀 더 자세히 살펴볼 것입니다. 이는 그리스도교 전통에서 하느님을 부르는 인격적인 이름으로서 '아버지'라는 말이 갖는 독특한 위상과 밀접한 연관이 있습니다. 그렇기에 이 주제를 여기서 애써 다룬 것이지요.

　신적 신비가 구체적으로 계시되는 가운데 하느님은 인격적이라고 할 때, '인격적'personal이라는 말은 어떠한 의미를 지니는 것일까요? 하느님은 어떠한 의미에서 인격을 지니고, 심지어는 여러 인격을 지니는 것일까요? 이는 전통적인 그리스도교의 하느님 개념에 관해 의문이 제기된 근대에서 가장 논쟁이 많이 된 주제였습니다. 하느님이 인격을 지니고 있다고 보는 생각에 대한 비판은 근대 무신론 역사의 뿌리에 자리하고 있습니다. 그리고 틸리히가 이야기했듯 그러한 하느님 개념에 대한 저항은 타당한 측면이 있습니다. 하지만 이는 틸리히가 생각한 것과는 다른 이유 때문입니다. 그들의 저항이 타당한 이유는 하느님이 인격을 지니고 있다는 생각이 그분을 '어떤 한 존재'로 착각하게 만들기 때문이 아니라 인격이라는 개념이 신학, 형이상학 전통에서 이해했듯 무한성에 대한 기본적인 생각을 거스르기 때문입니다.

이 문제는 신을 정신mind으로 이해하는 서구의 한 전통과 밀접한 연관이 있습니다. 보에티우스Boethius의 견해를 따라 "인격"은 "지성이라는 본성을 지닌 개별적 실체(또는 주체)"라고 이해해 왔기 때문입니다. 다른 그리스 철학자들과 마찬가지로 아리스토텔레스는 신을 정신 혹은 지성이라고 가르쳤지만, 중세 신학자들은 정신이나 지성을 가진 존재는 의지 또한 갖고 있다고 주장했습니다. 그들은 그리스도교의 창조론이 하느님을 지성으로 보는 아리스토텔레스의 개념과 조화를 이룰 수 있도록 신적 지성과 의지가 어떻게 상호작용하는지에 관한 복잡한 이론들을 만들었습니다. 한편으로는 이 정신과 의지를 지닌 이로서의 신 개념을 교회의 삼위일체 교리를 해석하는 틀로 삼기도 했지요.

신을 정신으로 보는 생각에 처음으로 비판을 가한 이는 스피노자입니다. 그는 『에티카』Ethics에서 그는 우리의 지성만 보아도 알 수 있듯, 지성은 너무나 많은 한계를 지니고 있기에 신의 무한성과 조화를 이룰 수 없다고 주장했습니다. 다른 한편, 그러한 모든 한계를 제거한다면 신적 정신이라는 말은 은유적 의미 이상으로 말할 수 있는 충분한 유사성이 아예 남지 않게 됩니다. 실제로 우리의 지성 활동은 경험에서 얻은 특정 정보들에 의존하고 있습니다. 그렇기에 지성은 자기 이외의 다른 무언가를 전제하는데, 이는 신적 무한성의 요건에 들어맞지 않지요. 게다가 지성과 의지의 구별과 상호작용도 인간이 처한 조건이라는 유한성에 얽매여 있습니다. 여기서 의지 또한 무언가 주어진 것, 즉 지성을 통해 우리에게 제시된 것에 의존하고 있습니다. 그리고 우리가 무언가 되려 한다고 해서, 무언가에 대한 의지를 갖고 있다고 해서 그것이 즉각적으로 현실화되지는 않습니다. 의지를 현실화하기 위해서는 수단을 선택하고 쓰는 활동을 해야만 하지요. 이러한 모든 특징은 우리의 유한성에서 나오기 때문에 하느님에게는 적용할 수 없습니다. 그렇기에 스피노자는 지성과 의지의 상호작용으로 작용하는 정신으로서의 하느님이라는 상을 거부했습니다. 그리고 앞서 보았듯 '인격'은 지성을 지닌 실체였기에 스피노자의 비판은 하느님이 인격을 지녔다는 생각 역시 거부하는 것으로 이해되었습니다.

18세기 내내 이를 두고 수많은 논쟁이 일어났고 결국 요한 고틀리프 피히테Johann Gottlieb Fichte는 하느님이 인격을 지니고 있다는 생각을 단호하게 부인했습니다. 그에 수반되는 한계들이 신의 무한성과 충돌한다고 보았기 때문이지요. 피히테는 인격적인 하느님이라는 상을 인간의 투사물로 보았습니다. 그러한 관념으로 인해 하느님에게 귀속되는 한계들은 실제로는 우리 인간의 조건에서 비롯되었다고 본 것이지요. 수십 년 후 포이어바흐Ludwig Andreas Feuerbach는 피히테의 저 주장을 일반화해 신에 대한 모든 관념은 결국 인간이 자신을 투사한 것이라고 이야기했습니다.

하느님을 인격적인 정신으로 보는 생각에 대한 비판은 상당히 중요합니다. 하지만 이는 어디까지나 전통적인 서구의 신 관념에 해당하는 이야기입니다. 이는 하느님을 영으로 보는, 성서에 바탕을 둔 생각에는 적용되지 않습니다. "영"이라는 성서 언어는 "정신"을 뜻하지 않기 때문입니다. 구약성서에서 이야기하는 영은 기본적으로 '바람'wind 혹은 '숨'breath을 뜻합니다. 성서 저자들은 이 말을 통해 하느님을 지성이기보다는 생명을 불어넣는 힘으로 제시합니다. 이러한 맥락에서 영은 그리스어 프뉴마pneuma와는 연결이 되지만 누스nous와는 잘 연결이 되지 않습니다. 정신과 달리 영은 신적 무한성이라는 생각과 꽤 잘 어울립니다. 창세기 1장 2절에 등장하는 창조의 영은 무한한 힘의 장을 직관적으로 표현한 것이라고 할 수 있습니다.

성서에서 발견되는 하느님의 의지는 지성에 의존하지 않습니다. 성서 저자들은 무언가를 요구하는, 무언가를 하게끔 우리를 추동하는 힘으로 하느님을 묘사합니다. 따라서 지성과 의지를 지닌 정신으로서의 신이라는 전통적인 신 개념은 하느님의 현실성을 의인화한 상(像)이라 할 수 있습니다. 그리고 이 부분에서만큼은 전통적인 그리스도교의 신 이해에 대한 근대 무신론의 비판은 옳습니다. 그리스도교 신학은 인간이 만들어내는 모든 상을 뛰어넘는 하느님의 신비로운 현실성에 대한 성서의 참된 인식을 재발견하는 도전으로서 이 비판을 인정하고 받아들여야 합니다. 이 비판을 받아들인다면 그리스도교 신학은 무엇보다도 하느님에 관한 앎을 언급하는 성서 구절의 은유적 특성을 좀 더 신중하게 살필 것입니다. 물론 그렇다고 해서 하느님의 의지, 영으로서의 하느님이라는 생각을 포기할 필요는 없습니다. 하지만 이는 새로운 바탕 위에서 재구성되어야 합니다.

지금까지의 논의들은 인격적인 하느님이라는 관념에 어떠한 영향을 미칠까요? 위에서 이야기한 비판들은 모두 하느님을 인격적인 정신으로 보는 견해의 문제점을 지적하고 있습니다. 하지만 성서의 증언에 따르면 그러한 생각이 하느님의 인격적 특성을 적절하게 묘사한 적은 단 한 번도 없습니다.

성서의 하느님은 당신의 선택적 의지와 행위에 있어서,

또한 그 아들 예수 그리스도에 의해 아버지로 드러남으로써 인격적입니다. 또한 아버지로서 영원히 당신의 아들과 관계하기에 그분은 아버지, 아들, 영의 연합과 일치 가운데 영원히 인격적입니다. 이러한 연합과 일치 가운데, 형언할 수 없는 신적 신비는 영원히 구체적입니다. 그러니 삼위일체의 인격들 없는 하나의 인격적인 하느님이란 있을 수 없습니다. 이러한 성서의 증언은 신학이 한 분 하느님에 관한 우리의 개념을 교회의 삼위일체론과 통합하는 새로운 방식을 모색하도록 자극합니다.

03

과학적 우주론 시대의 창조론

하느님에 대한 그리스도교의 믿음과 관련해 가장 커다란 문제, 그리고 끊임없이 제기되는 문제는 하느님이 자연계 및 역사와 어떠한 관련이 있는지, 좀 더 정확히 말하면 이 세계가 어떻게 하느님에게 의존하고 있느냐는 것입니다. 인류 역사를 포함해 자연계와 그 역사의 과정, 이를 이루는 모든 사물과 사건이 하느님의 활동에 의지하지 않는다면 하느님이라는 개념은 아무런 쓸모도 없을 것입니다. 근대 과학의 세계관은 자연계와 창조주 하느님의 지속적인 활동을 잇는 끈을 끊어버렸습니다. 근대 과학의 발흥을 주도했던 이들이 이를 의도했던 것은 아닙니다. 아이작 뉴턴Isaac Newton은 데카르트의 기계론적 우주 모형에 반발했습니다. 그러한 모형이 창조주에 대한 물리 세계의 의존을 가릴까 염려했기 때문입니다. 뉴턴은 모든 자연 과정이 물리적 힘, 궁극적으로는 하느님에게 의존하고 있음을 보여주기 위해 자신의 물리학을 고안했습니다. 그러나 자연에 대한 그의 기계론적인 설명이 자아낸 역사적 효과는 그의 의도와는 달리 물리적 세계를 자율적인 것으로 만들어버렸습니다. 18세기 말 이래 이는 자연계를 이해하는 지배적인 관점이 되었고 인류 역사에 대한 이해에도 깊은 영향을 미쳤습니다. 이러한 맥락에서 다윈주의 Darwinism는 자연계에 대한 이러한 이해의 정점에 해당한다고 볼 수 있습니다. 그 결과 자연 현실을 설명할 때 창조주에 대한 언급은 완전히 배제되었습니다. 최초의 충격 이후 신학자들은 차차 진화론적 관점과 구원사라는 그리스도교적 개념의 결합이 가능하다는 것을 깨달았지만 상황은 크게 달라지지 않았습니다. 오늘날 수많은 이는 과학적 설명만으로도 충분히 이 세계를 설명할 수 있다고 여깁니다. 이때 신학적 해석은 기껏해야 과학적 설명에 신학자가 주관적으로 뭔가 덧붙이는 것처럼 보일 뿐입니다.

이러한 상황에서는 아주 자그마한 변화를 일으키는 것조차 가능하다고 상상하기 힘듭니다. 근대 자연 이론은 수학에 바탕을 두고 있으므로 변화가 일어나려면 다음의 둘 중 하나는 충족해야 합니다. 하나는 하느님 자신이 수학적 서술의 대상이 되는 것입니다. 또 다른 하나는 사물의 참된 본질은 수학적이라는 널리 퍼져 있는 가정과 달리 모든 수학적 서술은 물리적 현실이 지닌 참된 본질의 근사치를 묘사할 뿐이라고 보는 것입니다.

이 두 가지 대안 중에 감히 두 번째 것을 선택해 보겠습니다. 저는 물리적 현실과 마찬가지로 인간의 직관 역시 수학적 서술의 형식주의를 언제나 넘어선다고 생각합니다. 물론 수학적 서술의 미묘함과 유연성을 과소평가해서는 안 됩니다. 오늘날 수학적 서술은 가장 복잡하고도 난해한 경험 데이터 역시 다룰 수 있음을 입증하고 있습니다. 그러나 수학적 서술의 바로 그 정밀함이 한계를 수반합니다. 삶에는 정밀함과는 거리가 멀고, 일정한 체계를 지닌 수학적 설명을 벗어난 무언가가 있습니다. 이 때문에 수학 언어에 비해 정밀함이 결여되어 있다고 폄하되는 일상 언어는 실재와 현실을 설명하는 대안적 방식이 될 수 있습니다. 수학 언어에 한계가 있다는 주장은 충분한 언어학적 근거가 있습니다. 모든 형식 언어는 그 언어가 파생된 일상 언어 차원의 해석을 계속해서 필요로 합니다. 이렇게 생각한다면 사물의 본성이나 자연계에 대한 철학적 혹은 신학적 주장이 이에 관한 수학적 설명보다 마냥 열등하다고 할 수 없습니다.

창조 신학은 사물의 본질뿐 아니라 우주와도 관련이 있습니다. 사실 이 둘은 언제나 연결되어 있습니다. 구체적인 현상을 기술하기 위해서는 현실 및 실재에 관한 일반적인 가정의 틀(이를테면 시간과 공간을 측정하는 이론)을 설정해야 합니다. 그렇다면 신학이 창조론을 통해 세계를 전반적으로 진술하는 것을 마냥 아무런 근거도 없는 억측으로 볼 필요는 없습니다. 신학에서 하느님이라는 관념은 세계를 바라보는 관점을 제공하기 때문입니다. 의미 상 이 관념은 반드시 나머지 모든 것을 포함해야 합니다. 한 분 하느님, 유일한 하느님이 있다면 다른 모든 것은 유한자, 즉 하느님의 현존 안에서 구성되는 것이라 할 수 있습니다. 창조론은 이 관계를 설명해 줍니다. 따라서 창조론은 기본적으로 유한한 실재인 세계에 대한 포괄적인 주장이라 할 수 있습니다. 물론 이러한 포괄적인 주장은 적절한 학문적 절차를 밟아 표현되어야 하며 그렇게 할 때만 입증할 수 있게 됩니다.

하느님이라는 관념과의 밀접한 관련성 때문에 창조론을 이루는 모든 요소는 하느님에 대한 믿음을 통합하고 확증하는 역할을 합니다. 이는 세계의 기원에 관한 질문에만 국한되지 않습니다. 창조론은 유한한 실재가 궁극적인 완성에 이를 수 있는 전망과 함께 유한한 실재의 현재와 그 생성 또한 다룹니다. 전통적인 신학 표현을 빌리자면 창조뿐 아니라 보전, 구원, 종말 등 하느님 활동의 경륜 전체를 다룬다는 것이지요.

이와 관련해 최근 상당한 논쟁이 일어나고 있는 문제를 살펴봅시다. '창조'라는 말은 유한한 존재의 최초 기원을 가리키는 말일까요? 아니면 새로운 피조물이 출현하고 형태를 갖추게 되는 지속적인 과정과 관련이 있는 말일까요? 흔히 이 물음은 창조에 대한 두 가지 사상, 즉 (없음으로부터 유한한 실재가 창조된 것을 뜻하는) '무로부터의 창조'creatio ex nihilo와 기원에 국한되지 않고 세계와 각 피조물의 삶의 과정 전체를 아우르는 '지속적 창조'creatio continua 사이에서 양자택일을 요구하는 방식으로 제기되었습니다. 그러나 이 두 가지 창조를 양자택일의 문제로 다루는 것은 유감스러운 일입니다. 둘은 모두 고전적인 교의학 전통에서 유래했습니다. 지속적인 창조라는 생각은 하느님의 보전 활동과 관련이 있습니다. 즉한 번 창조된 것의 보전 역시 지속적인 창조 활동이라는 것이지요. 애초에 창조는 피조물의 기원을 뜻했지만 지속적인 창조로 확장되었습니다. 피조물은 스스로 존재할 수 없기 때문이지요. 창조 활동이 중단되면 피조물은 곧바로 무로 전락하게 됩니다. 그러므로 무로부터의 창조라는 개념은 지속적 창조에도 적용됩니다. 둘을 마치 양자택일해야 하는, 서로 다른 창조 모형들로 보거나 그러한 것처럼 이러한 용어들을 쓰는 것은 고전적인 용어를 이해하지 못한 것입니다.

물론 고전적인 교리와 관련해 문제가 전혀 없는 것은 아닙니다. 창조라는 관념은 주로 창조된 존재의 시작과 관련이 있었습니다. 창세기 1장에 기록된 대로 온 세상의 시작까지 포함해서 말이지요. 지속적 창조는 새로운 형태의 존재가 계속 만들어지는 것이 아니라 창조된 세계를 본래 질서 가운데 보전하는 것으로 이해되었습니다. 식물과 동물의 경우 새로운 개체들이 계속 등장하더라도 그 종은 본래 창조 질서를 따라 고정된 것이라고 사람들은 생각했지요. 이 점에서 세상의 창조에 관한 성서의 기록뿐 아니라 고전적인 교리는 세상을 설명하는 신화적 형식에 의존하고 있습니다. 오래전 사람들은 시간이 시작되면서 만물이 확립되었다고 상상했습니다. 바로 이 지점에서 자연의 진화라는 근대적 개념과 고전적인 창조론은 근본적으로 다릅니다. '지속적인 상관관계'continuous correlation라는 표현은 근대적 논의에서 새로운 의미를 얻게 되었습니다. 이제 이 말은 실제로 새로운 형태의 지속적 창조를 뜻하게 되었는데 이로써 역설적으로 하느님 활동의 역사라는 측면으로 현실을 바라보는 성서의 관점에 더 가깝게 되었습니다. 따라서 자연의 진행 과정에 속한 우발적인 요소는 우주의 역사 속에서 하느님의 창조 활동을 나타내는 표지가 되었습니다. 지속되는 형태들의 출현, 심지어 어떠한 사건들의 흐름도 이제 이 역사의 과정에서는 우발적인 일로 드러납니다. 이러한 과정과 창조주 하느님은 어떠한 관계가 있는 것일까요? 우선, 이제 시간이라는 과정 전체에 걸치는 일이 되기는 했어도 창조 활동은 어디까지나 하느님의 영원성 가운데 이루어지는 활동, 즉 그 자체로 영원한 활동으로 이해되어야 합니다. 그렇다면 어떻게 그러한 영원한 활동이 시간의 순서를 따라 일어나는 우발적인 사건들과 조화를 이룰 수 있을까요? 달리 생각하면, 영원으로부터 세계가 나오지 않았다면 창조 활동은 우발적인 것으로 이해될 수밖에 없습니다. 그렇다면 어떻게 모든 피조물의 기원이 영원에 기초를 둘 수 있을까요? 영원한 하느님이 우발적인 창조 활동을 전개하시기로 결심했다고 상상해 본다면 어떻게 그 활동을 변덕스럽지 않은 우발적 활동으로 이해할 수 있을까요?

그리스도교의 창조론이 이런 질문들과 마주했을 때 꼭 심리학적으로 접근해야만 하는 것은 아닙니다. 앞서 고전적인 서구 전통, 즉 하느님을 지성으로 보는 생각과 관련해 그분 의지의 자유에 대한 심리학적 접근을 지양했듯 말이지요. 이미 말했듯 이러한 추론 방식은 매우 의인화된 것입니다. 이에 대해 삼위일체론은 영원한 아들이 (성부가) 세상을 창조할 때 협력했다는, 성서에 바탕을 둔 생각에 기초한 대안적 접근 방법을 제시합니다. 예수가 지상에서 활동할 때 자신의 하늘 아버지와 어떠한 관계를 맺었는지를 기억하십시오. 아버지의 나라에 속하고자 아버지와 자신을 구별하는 아들은 하느님과 구별되는 다른 모든 것의 기원이 될 수 있습니다. 그러면 아버지로부터의 자기 구별이라는 아들의 영원한 행위는 독립된 피조물의 가능성을 머금게 됩니다. 아들이 아버지와 자신을 구별하는 것은 자유의 행위이기에 피조물들이 생성될 때 일어나는 우발성은 저 자유의 연속성 상에 있다고 볼 수 있습니다. 이러한 맥락에서 아들은 타자의 생성 원리, 즉 새로운 피조물들이 나타나는 원리입니다. 이는 옛 로고스 교리를 어떠한 방식으로 개정해야 할지에 대한 하나의 단초가 됩니다. 로고스가 하느님의 지성에 관한 모든 생각, 그러므로 피조 세계에 대한 계획과 설계를 담고 있다고 보는 전통적 교리는 이제 더 역동적인 형태로 재구성될 수 있습니다. 타자의 생성 원리를 바탕으로 새로운 피조물이 생성된다면 그 관계망 역시 이를 따라 형성될 것입니다.

이렇게 삼위일체 개념은 피조물이 생겨나는 것의 우발성, 이것이 하느님에게 기원을 둘 수 있는 가능성과 관련된 물음에 답할 수 있는 자원을 제공합니다. 이는 다채로운 유한한 형태들이 있다는 것과 관련된 현상을 설명하는 데 도움을 줍니다. 또한 만물이 창조주에게 의존하고 있으면서도 동시에 자율성을 지니고 살아가는 것을 이해할 수 있게 해줍니다. 창조 활동에 성령이 관여한다는 전통은 여기서 중요한 통찰을 제공합니다. 앞서 언급했듯 성서, 특히 구약성서에서 영은 정신이라는 개념보다는 일반적인 자연 개념과 연관이 있습니다. 영은 바람과 숨결을 연상시키므로 역동적인 힘, 특히 시편 104편 30절("주님께서 주님의 영을 불어넣으시면, 그들이 다시 창조됩니다. 주님께서는 땅의 모습을 다시 새롭게 하십니다")에서 노래하듯 동물과 식물에 생명을 준다는 의미에서 창조주가 생명을 불어넣을 때 내어주는 숨결로 이해함이 적절합니다. 창세기 2장 7절에 나오는 아담의 창조 장면에도 이와 같은 생각이 밑에 흐르고 있습니다.

주 하느님이 땅의 흙으로 사람을 지으시고, 그의 코에 생명의 기운(영)을 불어넣으시니, 사람이 생명체가 되었다.

(창세 2:7)

인간이 영으로 창조되었다고 할 때 문자적으로 이는 인간의
영혼을 뜻하겠지만 창세기의 저 구절이 인간을 '생명체'로
본다는 것, 육체와 영혼을 분리하지 않는다는 것에 유의해야
합니다. 그리고 이 부분에서는 현대의 해석이 옳습니다. 그
리고 여기서 이야기하는 창조주의 영은 지성의 힘, 즉 그리
스 철학의 전통을 따라 다른 동물들과 인간을 구분하는 영혼
을 만들어내는 그러한 힘이 아닙니다. 성서 이야기에서 영은
그야말로 생명의 역동적 원리이고 영혼은 피조물, 즉 살아
있지만 그 생명의 초월적 기원으로서 영에 여전히 의존하는
피조물입니다.

　플라톤 철학의 영향 아래 그리스도교 신학에서 영혼 개념
뿐 아니라 영 개념도 지성화되었습니다. 여기에 결정적인 역
할을 한 인물은 오리게네스입니다. 그는 스토아적인 프뉴마
관념을 물질주의적이라고 비판하면서 이에 대해 효과적인
반론을 펼쳤습니다. 그의 비판이 성공을 거둘 수 있었던 것

은 그러한 물질주의적 영 개념이 요한복음서 4장 24절*에서 언급된 영으로서의 하느님 개념과 뚜렷한 모순을 일으켰기 때문입니다. 스토아적인 영 개념을 따른다면 하느님은 육체가 될 수도 있고, 이런저런 부분들로 나뉠 수도 또 구성될 수도 있게 된다고 오리게네스는 보았습니다. 그렇지만 프뉴마를 공기처럼 우리 눈에 보이지는 않으나 분명히 존재하는 아주 미묘한 요소로 보았던 스토아적 개념은 프뉴마를 지성과 동일시했던 오리게네스보다 성서에 훨씬 더 가깝습니다. 영과 지성을 동일시함으로써 일어난 가장 치명적인 결과는 성령과 물질세계 및 그 창조 과정 사이의 관계를 알 수 없게 되었다는 것입니다. 설상가상으로 성령은 창조된 영혼, 즉 인간의 영혼과도 분리되었습니다. 그리하여 성령은 사실상 초자연적인 경험과 직관을 통해서만 감지할 수 있는 원리로 축소되었습니다. 물론 그리스도교 사상사를 살펴보면 성서에 대한 면밀한 독해를 바탕으로 성령의 역할에 대한 그러한 제한적 해석에 반기를 드는 일이 종종 일어났던 것이 사실입니다. 이를테면 칼뱅주의 신학뿐만 아니라 정교회 신학에서도 하느님의 창조 활동에 성령이 관여하고 있음을 강조합니다.

---

* "하느님은 영이시다. 그러므로 하느님께 예배를 드리는 사람은 영과 진리로 예배를 드려야 한다."(요한 4:24)

하지만 영을 신앙으로 새로워진 삶뿐만 아니라 모든 생명 창조의 기원으로 이해하는 성서의 거대한 전망을 회복하기 위해서는 지성화된 영 개념을 극복할 필요가 있습니다. 이를 이루기 위해서는 현대 물리학의 역사에서 매우 중요한 비중을 차지하는 힘의 장field of force이라는 개념이 역사적으로는 프뉴마에 대한 스토아주의자들의 가르침에 뿌리를 두고 있다는 사실을 염두에 두어야 합니다. 영을 바람, 폭풍 또는 숨결의 모습으로 이루어지는 공기의 역동적 운동으로 보는 성서적 관념은 지성 개념보다는 힘의 장이라는 현대 과학의 개념과 더 가깝습니다. 오직 생명 현상에서 파생될 때만 지성 활동은 영과 관련을 맺습니다. 그렇다면 인간의 정신이란 한창 무르익은 생명 현상이라 할 수 있을 것입니다. 이런 의미에서 모든 지적 생명체는 성령의 참여, 즉 영감이 필요합니다. 어떤 의미에서 성령은 영감을 통해 피조물을 그 유한한 존재의 한계 너머로 끌어 올립니다. 모든 영적 경험은 그러한 탈자적 색채를 띕니다. 이는 다른 생명체 역시 마찬가지입니다. 생태적 환경 없이 살아갈 수 있는 생명체는 없습니다. 갖가지 식물과 동물은 자기 주변으로부터 먹이를 찾고 양분을 공급받으니, 어떤 면에서는 자기 밖을 통해 사는 것이며 자기 주변을 통해 풍요를 누리는 셈입니다. 현대 생화

학자들은 생명 현상을 에너지 기울기의 자가촉매적 활용으로 설명하는데, 그러한 설명은 바로 탈자적 현상으로서의 삶이라는 이야기와 사실상 같은 이야기가 됩니다. 그리고 이는 종교개혁 신학에서 설명하는 그리스도교 신앙에 대한 생각, 곧 하느님에 대한 신뢰의 행위로 자기 자신을 벗어난 존재가 된다는 생각과 놀라울 정도로 유사합니다. 그렇다면 신앙은 근본적으로 창조주의 의도에 따른 온 생명의 움직임과 흐름을 한 치의 오차도 없이 완벽하게 받아들이고 수행하는 것일까요? 아니면 자기 자신을 초월하는 가운데 하느님과 관계를 맺는 것일까요? 시편 기자는 젊은 사자들이 "먹이를 찾으려고 으르렁거리는" 것을 가리켜 "하느님께 먹이를 달라고 울부짖"는 것이라고 이야기했습니다(시편 104:21). 이를 모든 생명 현상을 이해하는 단서로, 그리고 탈자적 자기 초월이 본래 하느님과 연관되어 있으며 (사자의 먹이를 포함해) 유한한 객체가 살아있는 존재에 열려 있다는 의미의 단서로 삼을 수 있을까요? 적어도 탈자적 자기 초월은 유기적 생명체 자체가 지닌 힘이 아니라, 이를 장악하는 힘에 대한 반응으로 일어납니다. 저 힘은 생명체를 그 자신 너머로 끌어올림으로써 그 안에 생명을 불어넣습니다.

바로 이것이 성서에 바탕을 둔 그리스도교 전통이 성령의 창조적 기능을 이야기할 때 본래 의도한 바일 것입니다. 그리고 이에 덧붙여 우리는 성령이 생명체의 탈자적 반응을 일으키는 방식으로 창조의 말씀의 활동에 협력한다고 말할 수 있습니다. 각 피조물에게 특정한 형태와 삶의 방식을 부여하는 것은 바로 말씀이기 때문입니다. 그렇게 함으로써 말씀은 영을 통해 권능을 얻고 영은 피조물들을 그들 너머로 끌어올려 성령이자 영원한 하느님의 생명에 어느 정도 참여하게 함으로써 그들을 살아있게 합니다. 이러한 진술은 범신론이나 범재신론이 아닙니다. 성령은 언제나 초월적이며 피조물은 자신을 초월함으로써만 성령의 역동에 참여하기 때문입니다. 그러나 성서는 우리에게 하느님의 영이 모든 피조물 가운데 그러한 방식으로 작용하고 있음을 받아들이라고 요구합니다. 이는 부활한 그리스도에 대한 믿음과 관련해 일어난 일처럼 선물로 주어지는 것과는 다릅니다.

부활한 그리스도의 생명은 생명을 주는 성령과 철저하게 연합되어 있으므로, 부활한 그리스도를 믿는 이는 모든 생명의 원천, 그리고 영원한 생명을 향한 소망을 자기 안에 받아들이게 됩니다. 이처럼 성령은 모든 피조물에게 주어지는 것이 아니라 그들 안에서, 생명 자체의 운동인 자기 초월적 반응을 일으키며 작용합니다.

지금까지 살아있는 피조물을 중심으로 해온 이야기는 모든 피조물에도 마찬가지로 적용될 수 있습니다. 성령, 하느님의 영은 모든 피조물에 스며들어 있는 가장 높은 차원의 힘의 장이라 할 수 있습니다. 유한한 사건 및 존재 각각은 그 장의 특별한 발현으로 볼 수 있으며 저 힘에 대한 반응으로 움직입니다. 이 장 개념은 신학에서 충분히 활용될 수 있습니다. 이 개념은 힘을 물체들의 기능이 아니라 물체들이 의존하고 있는 무언가로 생각할 수 있게 해주기 때문입니다. 근대 초기 물리학의 특징이라 할 수 있는 기계론은 모든 힘을 물체나 질량으로 환원하려는 경향이 있었습니다. 그 결과 자연계에서 하느님 관념을 축출해 버렸지요. 하느님을 어떤 물체로 볼 수 없었기 때문입니다. 모든 힘이 물체들의 기능이라면 하느님을 자연계에서 활동하는 분으로 생각하는 것은 불가능합니다. 그런데 마이클 패러데이Michael Faraday는 장 개념을 도입해 물체로부터 독립된 힘이 가능함을 보여주었고 이로써 힘을 새롭게 바라볼 수 있게 되었습니다(물론 중력장gravitational field에서 벌어지는 일들이 그러하듯, 현실 속 자연 과정에서 질량들은 그 장의 역학을 구조화하는 데 매우 중요한 역할을 담당합니다). 원리 상 물체와 힘의 장이 구분되어야 신학에서 자연과 역사 속 하느님의 활동을 일종의 장 효과field effect로 묘사할 수 있습니다. 이러한 시도는 하느님의 창조, 보전, 구속 활동이라는 신학 개념을 현대 물리학에 맞추는 것이 아닙니다. 도리어 현대 물리학의 자연 설명을 신학이 세계를 보는 관점과 연결할 수 있게 해주지요. 신학자들은 과학의 장 개념이 역사적으로 고대의 프뉴마 이론들에 뿌리를 두고 있음을 상기시켜야 합니다. 이는 물리학에서 하는 형식화된 수학의 방식이 아니라 더 일반적인 방식으로 장 개념을 사용하는 것이 정당함을 보여줍니다. 과학 이론에서 제시하는 장은 창조하는 존재로서 우주에서 활동하는 하느님, 만물을 가득 채우는 영적 장이라는 형이상학적 실재와 유사한 것으로 이해될 수 있습니다. 과학에서는 보통 장 효과가 질량을 지닌 물체들과의 상호관계를 통해 일어난다고 바라볼 뿐, 물체들의 장에 대한 의존을 장 효과가 지닌 좀 더 심오한 속성이 전도되어 나타난 것으로 보지는 않는데 이는 과학적 설명이 갖는 한계일지도 모릅니다.

창조하는 존재로서 피조 세계에서 활동하시는 하느님을 설명하기 위해 장 개념을 활용하려면 공간과 시간을 신학적으로 해석할 필요가 있습니다. 특별히 장 개념은 공간과 친밀성을 가집니다. 어떤 공간의 형태가 아닌 장을 상상하기란 거의 불가능하기 때문이지요. 또한 현대 사상에서 공간은 결국 시간에 의존합니다. 공간은 동시성simultaneousness으로 정의할 수 있기 때문이지요. 즉 동시에 공존하는 만물은 어떻게든 공간적 관계를 맺고 있습니다. 그렇기에 동시성의 상대성은 우주라는 공간에서 거리의 상대성을 설명해 줍니다.

근대 사상사, 특히 17세기 말과 18세기에 공간에 대한 신학적 해석을 두고 격렬한 논쟁이 벌어졌습니다. 아이작 뉴턴과 새뮤얼 클라크Samuel Clarke*는 공간을 하느님이 피조물들에 편재하는 한 형태로 여겼습니다. 독일 철학자 라이프니츠Leibniz는 이러한 뉴턴의 견해를 스피노자의 견해와 다를 바 없는 범신론의 한 유형이라고 생각했습니다. 그는 뉴턴이 하느님을 공간과 연결한 결과 하느님을 물체로, 나뉠 수 있는 부분들을 가지고 있는 것으로 그리고 있다고 여겼지요. 그러나 클라크는 무한한 공간은 나뉠 수도 없고, 부분들을 가지고 있는 것도 아니라고 반박했습니다. 하느님이 만물에 편재한다는 생각, 무한한 공간이라는 생각은 하느님이 광대무변

* 새뮤얼 클라크(1675~1729)는 영국의 철학자이자 신학자로서, 영국 경험론의 계보를 잇는 존 로크John Locke(1632~1704) 조지 버클리George Berkeley(1685~1753) 사이에 등장한 가장 대표적인 철학자로 평가된다. 뉴턴의 자연철학에 깊이 영향을 받아 이에 대한 철학적/신학적 해석을 제공했으며, 뉴턴의 절대공간/절대시간The Absolute Space and Time 개념을 지지하여 이를 반박하는 라이프니츠와 여러 차례 논쟁을 벌였다.

하시다는 고백과 일치합니다. 공간은 오직 그 안에서(달리 말하면 하느님의 현존 가운데) 유한한 실체들이 생겨날 때만 나뉩니다. 공간의 기하학적 구조는 그러한 형태, 그 안에 담긴 것들의 모든 차이를 추상화해 마치 공간이 동일한 부분, 측정 가능한 것들로 구성되어 있다는 가정에 기반을 두고 있습니다. 그러나 나뉘지 않은 전체로서의 무한한 공간을 전제하지 않고서 그 어떤 부분을 상상한다는 것은 불가능한 일입니다. 임마누엘 칸트Immanuel Kant도 이러한 논증을 활용했습니다. 그에 따르면 이는 우리의 공간 인식의 직관적 성격을 보여줍니다. 그러나 그는 그 신학적 함의를 언급하지는 않았습니다. 현상을 설명하기 위한 그의 기획에 들어맞지 않았기 때문이지요.

무한한 공간에 대한 직관을 하느님의 광대무변함, 무소부재함과 같은 신학적 표현을 통해서만 적절하게 설명할 수 있다고 주장하는 데는 충분한 이유가 있습니다. 시간의 경우도 마찬가지입니다. 일찍이 플로티노스Plotinus는 한 순간에서 다른 순간으로의 전환은 전체로서의 시간, 좀 더 정확하게 말하자면 영원으로서의 시간에 대한 직관을 전제한다고 주장했습니다. 영원은 분열되지 않은, 하나의 형태로 현존하는 시간 전체를 뜻하기 때문입니다. 그럼에도 불구하고 그 순서가 진행되는 과정에서 순간들로 분리되는 것은 시간의 흐름 가운데 있는 유한한 존재들의 상황과 연관이 있는 것으로 생각해볼 수 있습니다. 유한한 존재의 관점에서 보면 과거는 흘러갔고 미래는 아직 오지 않았지만, 영원 가운데 계시는 하느님은 세계의 미래는 물론 당신 자신의 미래이며, 과거의 모든 것도 당신 자신 안에 있습니다. 그러므로 하느님의 광대무변함과 영원함은 시간과 공간의 필수적인 구성 요소로 볼 수 있으며 결과적으로 하느님이 영적인 장을 통해 우리와 함께하시며 자신의 창조 활동을 이루어 가신다는 것은 이치에 맞습니다.

에너지라는 개념을 이러한 장으로서의 영 개념과 연결해 본다면, 하느님이 창조 가운데 영으로서 만물에 임하는 것은 창조적 현존의 장field of creative presence, 유한한 존재에게로 사건들을 연이어 내보내는 포괄적인 힘의 장으로 설명할 수 있습니다. 아마도 에너지에 대한 이러한 견해는 양자불확정성에 대한 하나의 해석으로 정당성을 얻을 수 있을 것입니다. 자연에서 일어나는 과정들의 미시 구조에서 개별적인 미래 사건들은 주어진 상황에서 파생될 수 없습니다. 이러한 의미에서 양자 사건들의 불확정성은 인식론적인 것일 뿐 아니라 실제적인 것으로 보아야 합니다. 이 사건들은 미래를 뜻하는 또 다른 말인 가능성의 장에서 우발적으로 발생합니다. 양자불확정성에 대한 이러한 해석은 제가 20년 전 하느님 나라의 임박성이 그리스도교 창조론에서 얼마나 중요한 가치를 지니고 있는지를 설명하면서 잠정적으로 제안했던 논제를 입증합니다. 즉 사건들의 순서뿐만 아니라 하나하나의 사건들도 하느님의 미래에서 우발적으로 터져 나옵니다. 사건들의 발생을 이렇게 바라보는 방식은 시간과 영원이 뒤얽힌다는 생각으로 귀결됩니다. 영원은 미래를 통해 시간에 개입합니다.

피조물이 자율적 삶을 지향하는 것은 창조 활동의 본질에 속합니다. 그러한 자율적 삶은 시간을 관통하는 영속성이라는 조건에서만 가능합니다. 원자, 분자, 또 그것들의 집합체들과 같은 유한한 존재의 영속적 형태가 발생하기 위한 첫 번째 기본 요건은 자연 과정의 규칙성입니다. 두 번째 요건은 우리가 현대 과학의 우주론을 통해 알고 있듯이 우주의 팽창입니다. 우주는 팽창을 통해 피조물들이 형성될 수 있도록 충분히 낮은 수준으로 온도를 떨어뜨려 줍니다. 하지만 자율적인 삶은 단순히 지속 기간이 아닌 능동적인 자기 보존과 자기 조직화를 통해 드러나지요. 독립적인 삶의 차원은 생명을 지닌 피조물들이 출현함으로써 일어납니다. 물론 지속성이라는 측면에서는 유기적 생명체들을 능가하는 여러 다른 자연의 형태들이 있습니다. 그렇지만 독립적인 삶이라는 측면에서는 생명을 지닌 피조물들이 드러내는 수준이 다른 형태들보다 비교할 수 없을 정도로 높습니다. 이러한 강한 독립성은 유기적 생명체를 특징짓는 탈자적 존재 형태와 밀접한 연관이 있습니다. 독립성과 의존성은 여기서 독특한 방식으로 어우러집니다. 즉 유기적 생명체는 존재 자체의, 그리고 삶의 불안정성 때문에 환경에 의존하지만 동시에 그러한 의존을 통해 능동적으로 자기 자신을 조직화합니다.

모든 유기적 생명체는 고유한 방식으로 주변 환경을 통제하며 그렇게 삶의 안정성을 확보합니다. 그러나 어떤 동물도 인류만큼 이 목표를 달성하지 못했습니다. 고대 이래, 특히 성서의 창조 이야기는 이를 인간 본성의 특징으로 주목했습니다. 그리스도교에서는 이를 인간에게 지구상의 다른 모든 피조물을 지배할 능력이 있다고 표현했습니다. 물론 인간의 이러한 위치는 상당히 역설적인 토대 위에 놓여 있습니다. 그 토대는 바로 대상들을 인식하는 능력, 무엇보다도 대상들을 단순히 자신의 욕구와 관련 있는 것들로서만이 아니라 독립적인 개체들로 인식해낼 수 있는 인간의 독특한 능력입니다. 말하면 인간은 자신과 다른 것들을, 그리고 다른 모든 것으로부터 자신을 분리하여 인식하는 능력을 지니고 있습니다. 역설적으로 이러한 인식 능력 덕분에 인간은 세계의 지배자가 될 수 있는 권한을 지닐 수 있습니다. 이것이 역설적인 이유는 자기를 의식할 수 있는 능력은 다른 존재들의 특수한 본질을 이해할 수 있게 해주는 자기 통제, 나아가 자기 소멸까지 포함하기 때문입니다. 인간은 그렇게 나머지 피조물들을 자신을 위해 봉사하게 만듭니다.

고대부터 인간이 자기를 의식하는 능력은 인간 고유의 능력으로, 인간이 로고스에 참여한다는 증거로 여겨졌습니다. 인간은 로고스를 지닌 동물, 좀 더 친숙한 표현으로는 이성적인 동물이라고 불릴 정도로 이 능력은 인간의 전형적인 특성으로 간주되었지요. 교부들은 이를 인간이 하느님의 아들을 드러낼 가능성을 지닌 피조물임을 보여주는 것이라고 생각했습니다. 그리고 근본적인 차원에서 이는 참입니다. 예수가 하느님 아버지와 맺은 관계에서 분명하게 드러났듯 하느님의 아들은 아버지 안에서 자기 자신을 아버지와 구별하고 그 구별을 통해 한 분 하느님과 그분의 나라를 인정합니다. 그리고 그렇게 아버지에게 순종함으로써 자신의 아들됨을 드러냅니다. 그렇다면 이것이 자기를 의식할 수 있는 능력을 지닌 인간과 어떠한 공통점을 갖는 것일까요?

인간의 분별력 혹은 자기 인식은 주로 자신을 둘러싼 유한한 사물들과 관련이 있습니다. 하지만 이는 자기 자신의 유한성에 대한 인식도 포함하며, 따라서 유한하지 않은 무언가에 대한 인식도 포함하지요. 이렇게 자기를 의식하는 능력을 갖춘 동물이기에 인간은 종교적인 동물이기도 합니다. 모든 피조물이 하느님과 관계를 맺고 있으며 그러한 맥락에서 젊은 사자들도 먹이를 달라고 하느님을 찾지만 이러한 행동이 자기를 의식하는 방식으로 이루어지지는 않습니다. 하느님과 피조물이 맺는 관계를 분명하게 문제로 삼는 것은 오직 인간뿐입니다. 그리고 이는 자기를 의식하는 인간의 능력과 밀접한 연관이 있습니다.

인간 본성의 두 가지 독특한 특징들, 종교적 깨달음과 땅을 지배하는 능력은 모두 자기 자신 및 다른 것들을 분별하고 인식할 수 있는 인간의 능력과 관련이 있습니다. 인간은 땅을 지배하는 능력을 하느님에 대한 종교적 깨달음에 복종시키도록 부름받았습니다. 이것이 인간의 운명입니다. 창세기는 이를 두고 인간이 하느님의 형상으로 창조되었다고 설명합니다. 하느님의 형상을 따라 창조되었다는 것은 땅을 지배할 수 있는 능력을 지녔지만 그 능력을 하느님 아래서 행하는 것이므로, 하느님과 자신의 관계를 깨닫고 이에 순종하는 것은 다른 모든 앎의 근간이라 할 수 있습니다. 이 소명을 실현하는 가운데 아버지와의 관계 가운데 있는 아들이 인간의 삶 가운데 드러나게 됩니다. 그러한 방식으로만 인간이라는 피조물은 영원한 하느님과 친교를 나눌 수 있습니다. 다른 측면에서 이는 인간의 독자적인 삶을 온전히 성취하는 것이라고도 할 수 있습니다. 인간의 독자적인 삶은 하느님에 대한 복종에서 벗어난다고 해서, 우주의 지배자로서 하느님의 자리에 자신이 오른다고 해서 누리게 되는 것이 아닙니다. 우리가 알고 있듯 그러한 시도는 오히려 인간에게 재앙을 가져다주고 인간을 파멸로 몰아갈 뿐입니다. 독자적인 삶은 창조주 하느님이 인간에게 의도한 바입니다. 이러한 독자적인 삶은 아버지와의 관계 속에서 아버지에게 기쁨으로 응하는 아들의 자유입니다. 창조주 하느님은 온 우주를 창조하며 피조물이 이 자유를 구현하도록 하셨습니다. 인간은 이 목표가 성취되는 특별한 자리입니다.

04
그리스도론의 체계적 구성

그리스도교 교회는 세례, 신앙, 성찬을 통해 예수 그리스도의 활동과 죽음에 동참함으로써 그의 부활이 가져온 새로운 삶을 향한 소망 가운데 살아가는 이들의 공동체입니다. 그렇기에 그리스도교 전통에서는 교회를 "그리스도의 몸"body of Christ이라고 부릅니다. 이는 은유가 아닙니다. 교회처럼 오직 단 한 사람과의 인격적인 동일시에 기반을 두고 있는 공동체는 거의 없습니다. 그리고 그러한 동일시야말로 예수 그리스도가 주님이라는 고백의 핵심입니다. 교회는 그러한 동일시를 통해 예수라는 개인의 역사가 지닌 보편적 의의를 표현합니다. 교회의 탄생과 성장, 온 인류를 향해 교회가 진행하는 선교의 바탕에는 그러한 보편적 의의가 전제되어 있습니다. 그러므로 그리스도론은 교회의 존재 이유와 교회 생명의 유지에 근본적으로 중요합니다.

교회가 한 사람, 나자렛 예수의 보편적 의의를 주장하는 대표적인 말은 사도행전 4장 12절에 나오는 베드로의 말입니다. 여기서 그는 말합니다.

> 이 예수 밖에는, 다른 아무에게도 구원은 없습니다. 사람들에게 주신 이름 가운데 우리가 의지하여 구원을 얻어야 할 이름은, 하늘 아래에 이 이름밖에 다른 이름이 없습니다.

요즘 많은 사람은 이 구절을 그리스도교의 배타성을 잘 보여주는 구절이라며 공격합니다. 하지만 사실 이 구절은 그리스도교 포괄주의의 핵심, 달리 말하면 온 인류를 향해 교회가 지닌 사명의 원천을 담고 있습니다. 물론 이 말은 분명하게 다른 구원자가 있다는, 혹은 다른 이가 구원자가 될 수 있다는 가능성을 배제합니다. 하지만 그렇다고 해서 그리스도교 문화권이 아닌 다른 문화권에 속한 이들, 다른 종교 전통의 구성원들이 구원을 받지 못한다고 이야기하는 것은 아닙니다. 다만 이 구절은 그들이 구원을 얻게 된다면 그것은 아마도 그들이 알지 못하는 예수 그리스도의 은총으로 이루지는 것이라고 이야기합니다. 그들이 믿는 종교의 힘으로 구원을 이룰 수는 없다는 것이지요. 이러한 주장은 편협한 주장일까요? 저는 그렇게 생각하지 않습니다. 이러한 주장은 다른 종교 전통을 따르는 이들의 헌신을 깊이 존중하는 태도와 완벽하게 조화를 이룰 수 있습니다. 진리에 대한 우리의 모든 앎의 잠정적 상태를 깨닫는 것은 그러한 존중의 태도를 유지하는 데 도움이 됩니다. 그러나 관용은 상충하는 진리 주장들에 대한 무관심이 아닙니다. 오히려 관용은 무엇이 참되고 규범적인지를 결정할 때만 가능합니다. 그러한 가정을 바탕으로 할 때만 일탈에 무심하지 않고 이를 관용할 수 있습니다. 관용은 상충하는 의견들과 태도들을 같은 층위에 두지 않습니다. 이는 무관심에서 나오는 일입니다. 무관심은 상충하는 주장들을 진지하게 여기지 않습니다. 무관심은 어떠한 입장에도 헌신하지 않으며 그렇기에 진리에 별다른 관심을 기울이지 않습니다. 관용은 진지하고도 헌신적이지만 그러면서도 궁극적으로 분명하게 드러난, 최종적 진리를 알 수 없는 인간의 곤경, 그 잠정적 상태를 깨닫는 것입니다. 그러므로 그리스도교인이 진리를 의식할 때 요구되는 것은 다른 이들에 대한 관용입니다. "우리의 앎은 불완전"(1고린 13:9)

하기 때문입니다. 그러나 이로 인해 예수가 아닌 다른 누구에게도 구원은 없다는 진리 주장을 포기할 수는 없습니다. 이 주장을 포기한다면 그리스도교 교회는 존재 이유를 상실하게 될 것입니다. 예수가 이 세상의 유일한 구세주가 아니라면 왜 구태여 그리스도교인이 되어야 하겠습니까? 그리스도교인에게 이 주장을 포기하라고 요구하는 것은 그리스도교인 되기를 그만두라고 요구하는 셈이 됩니다. 그러한 태도는 무례하다고 봐야겠지요. 물론 그리스도교인은 관용의 정신 아래 이 주장을 펼쳐야 합니다. 그리고 사람들은 마땅히 그러한 주장에 대한 근거를 제시하라고 요구할 수 있습니다. 여기서 우리는 다시 그리스도론의 문제와 마주합니다. 그리스도론의 과제는 교회의 주춧돌인 그리스도교 주장의 근거를 제시하는 것이기 때문입니다.

우리가 지금 이야기하는 진리 주장은 어떠한 종류의 것일까요? 예수 그리스도 외에는 구원이 없다는 진술은 또 다른 명제를 전제하고 있습니다. 바로 예수 그리스도 안에서, 그리고 오직 그를 통해서만 창조주 하느님이 당신의 피조물을 죄와 타락으로부터 구원하려 하신다는 것입니다. 달리 말해 예수는 성육신한 하느님의 영원한 아들입니다. 그는 피조물이 어떻게 이 지상의 삶을 넘어서, 동시에 현재 매 순간 영원한 하느님과 친교를 나누며 관계 맺을 수 있는지를 분명하게 드러냈습니다. 그리스도교인이 예수를 성육신한 하느님의 영원한 아들이라고 믿는 한 다른 누구도 구원자가 될 수 없다는 결론을 벗어나지 못한다는 존 힉John Hick의 지적은 옳습니다. 그런데 안타깝게도 힉은 자신이 더는 예수를 성육신한 하느님의 아들이라고 생각하지 않는다고 덧붙였지요. 그는 예수를 일종의 상징적인 표현 혹은 신화적 표현으로 보았습니다. 그런 그가 오직 예수 그리스도를 통해서만 구원이 이루어질 수 있다고 보지 않은 것은 자연스러운 결론이었겠지요. 그렇기에 예수를 성육신한 하느님의 아들로 볼 수 있는가, 그렇다면 어떠한 의미에서 그러한가 하는 문제는 결정적인 중요성을 지닙니다. 예수가 진정으로 하느님의 아들이며 이러한 그리스도교인들의 확언이 단순히 예수를 향한 존경과 애정을 담은 상징적 표현 그 이상이라고 그리스도교에서 주장하는 데는 어떠한 근거가 있을까요?

그리스도교인들이 왜 예수에게 "하느님의 아들"이라는 칭호를 붙였는지 그 역사적 과정을 살피는 것만으로는 이 물음에 대한 답을 찾을 수 없습니다. 예수를 하느님의 아들이라고 부른 가장 오래된 자료 중 하나는 로마인들에게 보낸 편지 서두에서 바울이 하느님의 복음을 말하는 대목입니다.

이 아들은 육신으로는 다윗의 후손으로 태어나셨으며, 성령
으로는 죽은 사람들 가운데서 부활하심으로 나타내신 권능
으로 하느님의 아들로 확정되신 분이십니다. (로마 1:3~4)

대다수 신약성서학자는 바울이 이 표현을 쓰기 전에 이미 정
형화된 문구가 있었으며, 그가 편지를 쓰면서 이 표현을 인
용했다고 이야기합니다. 이후의 전통이 하느님의 아들 칭호
를 예수의 세례, 혹은 탄생과 연결 짓는 반면, 이 구절은 이
칭호를 예수의 부활 사건과 연결합니다. 여기서 바울은 예수
가 죽은 사람들 가운데서 부활한 사건을 그가 하느님의 아들
로 확정된 사건이라고 말합니다. 이는 다윗에 기원을 두는
예수의 혈통과 관련이 있습니다. 바울은 이 표현을 통해 예
언자 나단이 다윗에게 한 약속, 곧 하느님이 그의 자손에게
아버지가 되어 주실 것이며 "그는 나의 아들이 될 것이다"(2
사무 7:14)라는 약속이 예수를 통해 실현되고, 예수가 다윗의
왕위를 주장할 수 있음을 이야기하고자 했습니다. 그리고 이
는 부활을 통해 예수가 얻게 된 "하느님의 아들"이라는 칭호
가 지닌 메시아적 성격을 보여줍니다.

　사람들이 예수의 활동을 보며 그가 메시아일 것이라고 기
대했을 수는 있지만, 예수가 실제로 활동을 하면서 자신을

메시아라고 주장했다고 보기는 어렵습니다. 당시 대다수 유대인은 메시아가 정치 지도자일 것이라고 생각했고 그렇기를 바랐습니다. 그러나 예수는 그렇지 않았지요. 심지어 자신을 두고 메시아라고 고백한 베드로에게 보인 반응(마르 8:30*)을 염두에 둔다면 예수는 자신을 메시아와 연관 짓기를 피하려 했던 것 같습니다. 예수를 영광의 메시아로 보는 관점을 예수의 초기 활동까지 소급한 후대 그리스도론 전통이 어느 정도 반영되었음에도 불구하고 이러한 반응이 성서 본문에 남아있으니 말이지요. 그러나 예수는 메시아를 참칭한 사람으로 십자가에 못 박혔습니다. 십자가 죄패에 적힌 문구가 이를 말해주지요(마르 15:26).** 로마인들은 예수를 그러한 명칭으로 알고 있었을 것입니다. 메시아(그리스도)라는 칭호와 예수라는 이름이 합쳐진 데는 아마도 그가 메시아 사칭범으로서 십자가형을 받았기 때문일 확률이 높습니다. 이는 로마인들에게 보낸 편지 1장 4절에서 나타난 것처럼, 메시아에 상응하는 '하느님의 아들' 칭호가 예수가 죽은 사람들 가운데서 부활한 사건, 즉 그가 무죄임을 하느님이 인정한 사건이

---

* "예수께서 그들에게 엄중히 경고하시기를, 자기에 관하여 아무에게도 말하지 말라고 하셨다."

** "그의 죄패에는 '유대인의 왕'이라고 적혀 있었다."

일어났을 때 부여된 까닭을 설명해 줍니다. 요한복음서뿐 아니라 공관복음의 몇몇 구절, 대표적으로 마르코복음서 14장 61절~62절*과 마태오복음서 11장 27절**에 기록되었듯 실제로 예수가 자신을 하느님의 아들이라고 말했다면 로마인들에게 보낸 편지 1장 4절은 이해하기 어렵게 됩니다. 그러므로 예수가 하느님의 아들이라는 후대에 등장한 생각이 예수가 직접 말한 것으로 전해지게 되었다고 보는 편이 더 그럴 듯한 추정이라 할 수 있습니다.

이 모든 증거를 바탕으로 내릴 수 있는 체계적인 결론은 예수에게 붙이는 '하느님의 아들' 칭호를 상징적 언어로 간주하는 입장을 지지하는 듯 보입니다. 다윗의 후계자들에게 나단이 약속한 구절을 보더라도 "아들"이라는 말은 예수의 인격보다는 하느님을 대변하는 왕의 기능에 좀 더 무게를 두고 있는 것처럼 보입니다. 은유처럼 보이기도 하고요. 실제 예

---

* "그러나 예수께서는 입을 다무시고, 아무 대답도 하지 않으셨다. 대제사장이 예수께 물었다. '그대는 찬양을 받으실 분의 아들 그리스도요?' 예수께서 말씀하셨다. '내가 바로 그이요. 당신들은 인자가 전능하신 분의 오른쪽에 앉아 있는 것과, 하늘의 구름을 타고 오는 것을 보게 될 것이오.'"

** "내 아버지께서 모든 것을 내게 맡겨주셨습니다. 아버지 밖에는 아들을 아는 이가 없으며, 아들과 또 아들이 계시하여 주려고 하는 사람 밖에는 아버지를 아는 이가 없습니다."

수의 삶을 보더라도 그가 유대인의 기대에 부응해 메시아로 서의 역할을 하지 않았기 때문에 저 말이 상징적으로만 쓰였 다는 것은 분명해 보입니다. 그러나 이러한 인상은 피상적입 니다. 이러한 가정 아래서는 '하느님의 아들' 칭호와 관련된 '선재先在'라는 관념이 그리스도교 초기부터 등장했다는 사 실이 설명되지 않습니다. 바울에 따르면 하느님은 당신의 아 들을 "육신을 지닌 모습으로"(로마 8:3) 보내셔서 그를 "여자에 게서 나게 하시고, 또한 율법 아래에 놓이게 하셨습니다"(갈 라 4:4). 이 진술들은 상징이나 은유가 아닙니다. 바울은 분명 하게 나자렛 예수라는 사람을 통해 이 세상에 나타나기 전 에 하느님의 아들이 하느님의 영원 가운데 있었다고 이야기 하고 있습니다. 예수는 하느님의 아들이며 그 아들이 하느님 아버지와 엮여 있는 영원에서부터 왔다는 깊은 확신이 저 구 절들에 담겨 있습니다.

이러한 확신은 어디서 나온 것일까요? 선재라는 관념이 유대교에 뿌리를 두고 있다고 간주하고 유대교 전통, 특별 히 지혜 전통에서 찾는 것은 별로 도움이 되지 않습니다. 그 러한 시도는 기껏해야 그러한 생각을 담아내는 언어, 개념이 어디서 유래했느냐는 물음에 답하는 데 도움을 줄 뿐, 그러 한 생각이 어떻게 예수와 연결되었느냐는 물음에 답하는 데는 별다른 도움을 주지 않습니다. 이에 답하기 위해서는 예수가 이 땅에서 한 활동, 그리고 사람들에게 전한 메시지의 핵심과 영원한 하느님의 아들 사이에 어떠한 연결 고리가 있다고 보아야 합니다. 영원한 아들이라는 관념의 출처를 예수 자신으로 돌리지 않는 한 연결 고리는 딱 하나입니다. 바로 예수가 하느님을 아버지라고 부르고 이야기하는 데서 드러나는 비범한 친밀함입니다.

Q 문서에 속한 "아들과 또 아들이 계시하여 주려고 하는 사람 밖에는 아버지를 아는 이가 없습니다"(마태 11:27, 루가 10:22)라는 구절은 예수가 직접 한 말이 아닐 수도 있습니다. 그러나 적어도 이 구절을 통해 우리는 예수가 하느님을 독특한 방식으로 이야기했으며 그를 따르던 이들이 그 이야기를 듣고 무척 놀라워했다는 것을 알 수는 있습니다. 이는 요한복음서(10:14*, 17:1~2**)에도 반영되어 있습니다. Q 문서에 속한 저 구절이 예수가 직접 한 말이 확실히 아니라면, 그 구절

---

* "나는 선한 목자이다. 나는 내 양들을 알고, 내 양들은 나를 안다."
** "예수께서 이 말씀을 마치시고, 눈을 들어 하늘을 우러러보시고 말씀하셨다. '아버지, 때가 왔습니다. 아버지의 아들을 영광되게 하셔서, 아들이 아버지께 영광을 돌리게 하여 주십시오. 아버지께서는 아들에게 모든 사람을 다스리는 권세를 주셨습니다. 그것은 아들로 하여금 아버지께서 그에게 주신 모든 사람에게 영생을 주게 하려는 것입니다."

은 예수를 따르던 이들이 예수가 하느님 아버지를 부르고 이야기하는 것과 그의 아들됨을 얼마나 밀접하게 연결했는지를 보여주는 증거가 됩니다. 저 구절에 따르면 어떠한 경우에도 아들은 아버지에게 온전히 속하며 아버지 또한 아들과 분리되지 않습니다. 예수를 따르던 이들은 부활 체험을 하고서야 이를 말로 표현했을지도 모릅니다. 그러나 그렇다면 이는 그들이 부활 체험에 비추어 예수와 하늘 아버지의 독특한 관계를 어떻게 이해했는지를 보여주는 것일 테지요. 그들은 부활한 예수에게 메시아, 그리고 이를 가리키는 용어들을 단순히 상징적으로 적용하지 않았습니다. 아버지와 아들의 독점적이고도 나뉘지 않는 친교를 표현하는 Q 문서의 저 구절은 부활 사건 이후 영원한 아들의 선재라는 관념이, 또한 아들 예수는 하느님의 선재하는 지혜이자 세상을 창조하는 하느님의 영원한 말씀이라는 생각이 예수를 따르던 이들 가운데 일어났음을 보여줍니다.

물론 저 심오한 결론들의 증거가 단지 그 한 구절만인 것은 아닙니다. 예수가 하느님을 아버지로 언급하는 다른 부분들도 심사숙고해 보아야 하지요. 예수를 따르던 이들이 예수를 하느님의 아들로 보게 되었다는 사실의 정확한 의미, 저 사실이 내포하는 바는 예수의 전체 가르침을 고려할 때만 적절하게 가늠해볼 수 있습니다. 하느님을 "아버지"라고 부르는 것이 유대교 전통에서 전례 없던 일은 아니었습니다. 이 때문에라도 예수가 전한 가르침을 충분히 숙고해야 아버지로서의 하느님을 말하는 그의 독특한 방식을 제대로 헤아려볼 수 있습니다.

예수가 하느님을 부르는 방식, 그리고 그가 전한 메시지의 공통 요소를 찾는다면 가장 먼저 눈에 띄는 건 예수가 선포한 임박한 하느님 나라, 그리고 하느님을 아버지라 말하는 방식 사이의 유사성일 것입니다. 하느님 나라가 가까이 왔다는 예수의 선포는 세례 요한처럼 하느님의 심판이 곧 밀어닥친다는 뜻이라기보다는 오히려 온 인류를 사랑하고 구원하는 하느님이 우리와 함께한다는 뜻에 가깝습니다. 그리고 이는 당신이 창조한 모든 피조물을 향한 섭리에 반영되어 있습니다. 하지만 이러한 현존은 한 가지 조건을 두고 피조물에게 열려 있습니다. 그 조건은 다름 아니라 피조물이 궁극적인 신뢰와 관심을 오직 하느님께만 쏟는 것입니다. 이것은 예수가 선포한 메시지의 전체 성격과 하느님을 대하는 그의 태도 사이의 두 번째 접점과 연결되어 있습니다. 예수는 의심하지 않고 아버지의 뜻에 순종합니다. 물론 이는 친밀한 관계에서 자발적으로 일어나는, 편견 없는 순종이지만 순종이라는 점만은 분명합니다. 그리고 정확히 이러한 순종 때문에 예수를 따르던 이들은 하느님의 "아들"이라는 이름이 그에게 가장 잘 어울린다고 생각했을 것입니다. 그리고 이러한 순종은 예수가 다른 이들에게 하느님, 그리고 임박한 그분의 나라와 그들의 관계에 대해 요구한 바와 정확히 일치합니다.

너희는 먼저 하느님의 나라와 하느님의 의를 구하여라.

(마태 6:33)

그러면 이 땅에서의 필요들도 채워질 것이다.

(루가 12:31 참조)

값진 진주 하나를 위해 다른 모든 것을 파는 상인의 비유(마태 13:45~46)는 이 점을 단순하지만 매우 인상적인 방식으로 그립니다. 예수가 청중에게 요구한 바는 예수를 따르던 이들이 그를 하느님의 '아들'로 보고, 그에 걸맞은 자격을 지닌 이로 보게 만든 바와 동일합니다. 또한 이는 세례를 받은 신실한 그리스도교인은 예수처럼 하느님의 자녀이자 상속자가 된다는 바울의 가르침(로마 8:14 이하)과도 일치합니다.*

---

* "하느님의 영으로 인도함을 받는 사람은, 누구나 다 하느님의 자녀입니다. 여러분은 또다시 두려움에 빠뜨리는 종살이의 영을 받은 것이

그렇게 하느님의 아들이라는 지위는 예수의 전유물이 아니었습니다. 예수 이전에도, 그리고 그 이후에도 다른 이들은 아버지로서의 하느님과 관계를 맺을 수 있었으며, 있습니다. 그러나 예수의 경우 그 영원한 아들됨이 그의 인격에 성육신했습니다. 이는 예수라는 개인의 독특성, 인격적 정체성이 되었습니다. 다른 이들이 그러한 관계 가운데 살 수 있으려면 땅에 매인 자신들의 관심과 염려에서 벗어나 하느님께 의지해야만 합니다. 하지만 예수는 그렇게 살아가는 것이 그다운 일이었습니다. 예수에게는 하느님에 대해 가르쳐 줄 선생이 필요하지 않았습니다. 예수가 공적인 활동에 나서기 전 한동안 그를 제자로 두었을 세례 요한은 하느님의 미래에 대해 상당히 다른 생각을 하고 있었습니다. 세례 요한에게 미래는 하느님의 심판이었습니다. 그는 이를 고대하며 세례를 베풀었습니다. 반면 예수의 경우 임박한 하느님 나라는 아버지 하느님의 은총 어린 현존을 뜻했습니다. 우리가 아버지의

아니라, 자녀로 삼으시는 영을 받았습니다. 그래서 우리는 그 영으로 하나님을 "아빠, 아버지"라고 부릅니다. 바로 그때에 그 성령이 우리의 영과 함께, 우리가 하느님의 자녀임을 증언하십니다. 자녀이면 상속자이기도 합니다. 우리가 그리스도와 함께 영광을 받으려고 그와 함께 고난을 받으면, 우리는 하느님이 정하신 상속자요, 그리스도와 더불어 공동 상속자입니다." (로마 8:14~15)

미래를 향해 우리 자신을 열고 그러한 아버지, 만물 위에 있는 분에게 합당한 영광을 돌린다면 말이지요.

예수가 하느님의 아들이라고 이야기할 때는 '아들'이라는 칭호의 포괄적인 성격을 반드시 염두에 두어야 합니다. 피조물들이 하느님과 관계를 맺을 때는 영원한 아들이 그 가운데 드러날 수밖에 없습니다. 이것이 창조에 드리워진 운명입니다. 피조물들은 하느님과는 다른 유한한 존재로서 자발적으로 그분에게 순종하는 가운데 자기 자신의 자리를 받아들입니다. 이는 오직 인간이라는 피조물을 통해서만 명시적인 형태로 드러날 수 있습니다. 다른 것들과 자기 자신을, 무한한 하느님과 유한한 특수성을 지닌 모든 것을 구별할 수 있는 능력은 인간만 지니고 있기 때문입니다.

그러나 무한한 하느님과 다른 피조물, 그리고 자기 자신을 구별하여 자신이 유한한 존재임을 받아들이고 그분께 순종하는 가운데 인간은 자신의 고유한 운명을 깨달을 뿐 아니라 모든 피조물을 대신해 행동합니다(로마 8:19 이하 참조).* 안

---

* "피조물은 하느님의 자녀들이 나타나기를 간절히 기다리고 있습니다. 피조물이 허무에 굴복했지만, 그것은 자의로 그렇게 한 것이 아니라, 굴복하게 하신 그분이 그렇게 하신 것입니다. 그러나 소망은 남아 있습니다. 그것은 곧 피조물도 썩어짐의 종살이에서 해방되어서, 하느님의 자녀가 누릴 영광된 자유를 얻으리라는 것입니다. 모든 피조물

타깝게도 인간은 대체로 그 소명에 부응해 살지 않습니다. 오히려 성서가 알려주듯 인간은 하느님과 자신을 구별하고 그분의 뜻을 따라 순종하기보다는 자기 스스로 하느님의 역할을 맡으려는 유혹에 휘말립니다. 하느님처럼 되고자 하는 인간의 교만(창세 3:5 참조)은 자신의 인격 속에서, 인격을 통해 영원한 아들이 뚜렷하게 드러나는 것을 방해합니다.* 태초부터 있던 인간의 소명, 즉 하느님의 형상으로 살아가기 위해서는 인간 피조물의 갱신, 새로운 아담이 필요합니다. 이러한 맥락에서 성육신한 하느님의 아들은 인간의 본래 창조 목적을 구현합니다. 영원한 아들은 예수 안에서, 예수를 통해 모든 인간의 유익을 위해 성육신했습니다. 모든 인간은 최초의 인간, 아담의 형상에 참여했듯 영원한 아들의 형상에 참여하도록 부름받습니다. 첫 번째 아담은 하느님과 같이 되려 함으로써 사실상 자기 생명의 근원이었던 하느님과 자신

이 이제까지 함께 신음하며, 함께 해산의 고통을 겪고 있다는 것을, 우리는 압니다. 그뿐만 아니라, 첫 열매로서 성령을 받은 우리도 자녀로 삼아 주실 것을, 곧 우리 몸을 속량하여 주실 것을 고대하면서, 속으로 신음하고 있습니다." (로마 8:19-23)

* "뱀이 여자에게 말하였다. "너희는 절대로 죽지 않는다. 하느님은, 너희가 그 나무 열매를 먹으면, 너희의 눈이 밝아지고, 하느님처럼 되어서, 선과 악을 알게 된다는 것을 아시고, 그렇게 말씀하신 것이다." (창세 3:4-5)

을 분리시켰지만 두 번째 아담, 즉 하느님의 아들 안에서, 아들을 통해 인간은 하느님과의 차이를 받아들이고 하느님의 아들이 그랬듯 하느님에게 순종합니다. 아들처럼, 자발적으로 순종하면서 인간은 하느님과의 친교를 기뻐합니다. 그 결과 인간은 자신의 유한성과 죽음 너머에 있는 하느님의 영원한 생명, 삶에 참여합니다.

아버지와 아들의 영원한 관계를 구현하는 인격적 존재가 이 세상에 있었다는 사실은 결코 사사로운 사건이 아닙니다. 이 사실은 필연적으로 모든 인간에 대한 하느님의 주권과 그들이 하느님을 왕이자 아버지로 받아들이는 문제에 대한 관심을 불러일으킵니다. 그렇기에 예수의 지상 활동, 즉 하느님 나라가 임박했다고 선포한 것은 하늘 아버지의 아들이라는 그의 정체성의 핵심입니다. 하지만 그 활동이 곧바로 인류 전체와 연결되지는 않았고 일차적으로는 자신이 속한 민족인 유대인과 연결되었지요. 예수의 활동이 교회의 보편적 사명이 된 것은 십자가와 부활의 결과입니다.

예수가 유대인이라는 사실을 강조하는 것은 더는 그리스도교 신학에서 드문 일이 아닙니다. 그가 전한 메시지는 다른 고대 문화나 현대 세속 문화에서는 결코 발생하지 않았을 것입니다. 그가 전한 메시지는 유대교적 일신론을 전제하고 있으며 이에 대한 신앙을 공유하고 있는 이들에게 가장 먼저 선포되었습니다. 예수는 메시지를 전함으로써 청중에게 그 신앙의 근본적인 의미와 결과를 일깨우고자 했습니다. 다른 모든 염려에 앞서 하느님 나라에 집중하라는 그의 요구는 다른 염려들을 제쳐놓고 이스라엘의 하느님에게 충성을 서약하는 '쉐마 이스라엘'을 진지하게 여기라는 뜻이었습니다. 예수는 새로운 종교의 창시자가 아니었습니다. 그는 철저하게 유대인이었습니다. 그러나 유대교 신앙의 창조주 하느님께 집중함으로써 그는 유대교 사회에서 매우 도발적인 인물이 되었습니다. 그는 유대인이 특별한 선택을 받은 민족이라는 자긍심 가득한 생각을 무시했고 모세 율법의 권위에도 기대지 않았습니다(랍비들의 율법 해석에 대해서는 말할 것도 없지요). 그의 독특한 윤리적 가르침은 자신의 종말론적 메시지, 특별히 어버이의 사랑과 같은 하느님의 사랑에 대한 이해에서 나왔습니다. 이는 과거에나 지금이나 전통적인 유대교 신앙에 엄청난 도전입니다. 비록 예수가 실제로 율법을 반대하거나 거스르지는 않았다고 해도 말이지요(이제는 전통적인 그리스도교 해석이 가정했던 것만큼 확실하지 않다 하더라도 말입니다). 오늘날 유대교 저술가들은 유대인 예수의 면모를 재발견하려 노력하고 있고 이는 분명 좋은 일입니다. 하지만 그렇다고 해서 그들이 유대교 전통에 던지는 예수의 도전에 침묵해서는 안 되겠지요.

예수는 오직 하느님, 그리고 피조물을 향한 하느님의 요구에만 관심을 기울임으로써 자신이 속한 전통의 권위를 무시했습니다. 인간이 하느님을 향해 다가가도록 보장해 주는 장치인 종교 전통을 존중하지 않고 이에 맞서 하느님과 그분의 나라에 관심을 쏟는 것은 결코 자연스러운 일이 아니었습니다. 이는 유대교 신앙의 본질을 묻는 도전이었습니다. 예수를 유대교 입장에서 통상적으로 이해 가능한 유대교의 여러 흐름 중 하나로 다루기보다는 도전으로 받아들일 때, 그리스도교와 유대교의 대화는 훨씬 더 풍요로워질 것입니다. 유대교 신앙의 핵심에서 나온 예수의 도전은 왜 예수의 이야기를 들은 일부 청중이 그토록 그에게 저항했는지를 더듬어 볼 수 있게 해줍니다. 물론 복음서 전통에 담긴 역사성에 대해서는 세밀한 검토가 필요하겠지만 그러한 저항이 있었다는 것을 완전히 무시해서는 안 됩니다. 또한 그러한 저항 및 거부와 예수를 죽음에 이르게 한 사건들의 연관성도 거부해서는 안 될 것입니다. 예수는 정치적 선동을 했다는 이유로 로마인들에게 형을 선고받고 처형되었습니다. 하지만 그러한 혐의는 기본적으로 예수가 전한 메시지와 활동에 대한 왜 곡입니다. 그러므로 유대교 권력자들이 그를 심문한 일을 담은 복음서 기록의 사실 여부를 아무리 세세히 따져본다고 해도 예수가 거짓 구실로 로마인들에게 넘겨졌다는 것은 분명합니다. 당시 유대교 권력자들의 눈에는 율법 전통에 무관심한 채 자신을 하느님 나라의 대리자로 내세우는 예수의 모습이 하느님에 대한 순종이라기보다는 하느님의 권위를 가로채는 행동으로 보였을 것입니다.

당시 유대인 지도자들이 예수를 거부했다는 사실이 예수의 활동이 유대교 및 유대 민족과 관련된다는 사실을 무효로 만들지는 않습니다. 그러나 전통적인 유대교의 특정 요소들에 대해 예수가 보인 냉담함은 유대인이라는 역사적 한계를 넘어서는 잠재적 보편성과 개방성을 담고 있습니다. 이러한 개방성은 예수가 유대인 중에서 참으로 의로운 이들과 그렇지 않은 이들을 분리하는 다른 유대교 종파의 창시자가 되지 않았다는 사실로 드러났습니다. 누구나 예수의 제자가 될 수 있었습니다. 하느님 나라의 친교로 초대받은 이들의 공동체는 궁극적으로 나누게 될 하느님 나라에서의 친교를 가리키는 식사 의식을 통해 상징적으로 표현되었습니다. 이 상징적인 의식은 다른 이들이 회원이 아니라는 이유로 배제되지 않았음을 보여줍니다. 이 식사 의식은 상당한 융통성을 지니고 있었던 것이 확실해 보입니다. 죽음을 마주한 예수는 이 상징적인 식사 의식을 자신의 제자들에게 하느님 나라에서뿐만 아니라 지금 이 순간에도 언제나 그들과 함께하겠다는 서약으로 남겼습니다. 그 결과 식사 의식의 의미는 좀 더 풍부해졌습니다. 이 의식은 교회를 세우는 활동이 되었고 오늘날에도 교회에서 하는 예배의 중심에 자리 잡고 있습니다. 시간이 흘러 하느님 나라의 식사로의 참여는 예수를 하느님의 아들 그리스도로 고백하는 이들에게로 제한되었습니다. 그런데 사실 그러한 고백은 예수가 지상에서 활동하던 시절, 그가 친히 저 식사를 하느님 나라 현존의 상징으로 바꾸었던 때에도 이미 행해지고 있었습니다. 이를 교회와 관련해 말하면, 교회 공동체는 잠재적인 보편적 상징 위에 자신이 세워졌음을 기억해야 합니다. 교회는 폐쇄적인 사회가 아닙니다. 교회는 예수의 활동을, 그리고 더 나아가 모든 인간 가운데 하느님 나라가 퍼져 나가게 하도록 부름받았습니다. 교회가 자신의 사명을 실현할 때 영원한 아들은 하느님 아버지와 사람들의 관계 속에서 뚜렷하게 드러나고 사람들은 서로 형제자매가 됩니다.

이 장을 마무리하기 전에 지금까지 제시한 주장의 체계적 성격에 대해 좀 더 설명하도록 하겠습니다. 이 장에서 저는 전통적인 그리스도론의 범주를 재해석함은 물론 예수의 인격과 활동에 대한 체계적인 해석의 윤곽을 그려보았습니다. 여기서 제안한 틀의 핵심은 영원한 아들이라는 전통적인 개념입니다. 전통적인 그리스도론에서 영원한 아들은 예수 그리스도의 인격과 동일시되었을 뿐이지만, 저는 이 개념을 확장해 더욱 포괄적인 용어로 기능하게 했습니다. 물론 여기서도 하느님의 아들은 삼위일체의 두 번째 위격이고 나자렛 예수 안에 성육신합니다. 하지만 더 나아가 그는 모든 피조물 가운데, 특별히 하느님의 형상으로 창조된 인간들의 삶 가운데 활동하는 존재입니다.

하느님의 아들이라는 개념을 이렇게 확장해 적용하는 데는 몇 가지 이유가 있습니다. 우선 모든 피조물은 그 아들을 통해 존재하고 또 보전된다고 성서가 증언하기 때문입니다. 그렇기에 아들의 성육신을 전체 피조물의 구조와 무관한, 완전히 예외적이고 초자연적인 사건으로 이해하는 것은 적절하지 않습니다. 요한복음서의 도입부는 "그가 자기 땅에 오셨다"(요한 1:11)고 말합니다. 또한 창세기 1장 26절에 따르면 인간은 하느님의 형상으로 창조되었습니다.* 그러므로 인

---

* "하느님이 말씀하시기를 '우리가 우리의 형상을 따라서, 우리의 모양대로 사람을 만들자. 그리고 그가, 바다의 고기와 공중의 새와 땅 위에

간 삶의 목적과 운명은 영원한 하느님의 아들과 특별한 관계가 있음이 분명합니다. 이를 뒤집어 말하면 아들의 성육신 사건은 하느님의 형상을 지닌 모든 인간의 창조와 연관지어 이해해야 합니다. 이레나이오스Irenaeus와 아타나시오스Athanasius 이래 그리스도교 전통은 언제나 이러한 생각을 유지해 왔습니다. 하지만 이제 이러한 생각은 세 번째 측면과 통합되어야 합니다.

성서에 바탕을 둔 전통에서 하느님의 아들이라는 관념은 예수의 지상 활동 이전과 이후 모두에 폭넓게 적용되었습니다. 전통적인 그리스도교 교리는 이를 설명하기 위해 본래 아들의 지위와 양자됨이라는 개념을 활용했지요. 그런데 여기서 후자는 두 번째 위격과 언제나 관계를 맺고 있지는 않은, 일종의 은유로 이해되었습니다. 둘의 구분은 예수 그리스도를 믿음으로써 아들과 아버지의 관계에 참여하게 된 이들까지 하느님 아들의 지위에 오른다는, 확장된 적용을 가능하게 해줍니다. 그렇다면 이를 예수 이전 유대교 전통에도 적용할 수 있지 않을까요? 그렇다면 영원한 아들이 이미 다윗의 후손, 언약의 백성, 더 나아가 과거 하느님의 형상으로

사는 온갖 들짐승과 땅 위를 기어다니는 모든 길짐승을 다스리게 하자' 하시고" (창세 1:26)

창조된 모든 인간 가운데서도 성육신하는 중이었다는 결론을 내릴 수 있습니다. 이렇게 하면 하느님의 아들이라는 개념은 나자렛 예수와의 특별한 관계를 잃지 않으면서도 포괄적인 범주가 됩니다. 영원한 아들은 하느님이 이 세상과 맺는 모든 관계에 참여하기에 이는 결코 놀라운 일이 아닙니다. 영원한 아들은 단지 성육신 사건을 통해서만 피조물과 관계를 맺는 것이 아닙니다. 지금까지 그리스도교 신학 전통에서 성육신 관념은 전반적으로 현실에 대한 그리스도교적 해석에서 자주 도외시되었습니다. 오늘날 성육신 교리가 도마 위에 오르는 것은 바로 이 때문일 것입니다. 하지만 아들 혹은 로고스가 세상과 맺는 관계가 더 폭넓어지고 다채로워질 때 우리는 전통 교리가 성육신을 확언함으로써 본래 의도한 바를 좀 더 잘 이해할 수 있게 됩니다.

이처럼 하느님의 아들 개념을 아버지와의 영원한 상호관계의 측면에서 이해하는 더 넓은 관점을 유지한다면 왜 초기 그리스도교인들이 성육신 사건을 두 번째 아담의 도래로 보았는지를 헤아려 볼 수 있게 됩니다. 이러한 맥락에서 아들의 성육신은 하느님의 형상을 지닌 인간 창조의 완성이라 할 수 있습니다. 그리고 이로써 마침내 교회는 인간 역사의 종말론적 미래라는 차원에서 펼쳐지는 그림에 분명한 역할을 맡게 됩니다. 하느님의 아들은 하느님 나라와 연결되기 때문입니다.

이 새로운 종합은 제가 "아래로부터의 그리스도론"christology from below이라 불렀던 것이 아닙니다. 그러나 이는 방법론상 '아래로부터의 그리스도론'을 취하되 새롭게 통합합니다. 이 종합은 예수의 인격과 활동을 삼위일체 신학이라는 맥락에서 이해하기에 '아래로부터의 그리스도론'을 넘어섭니다. 그리고 이는 이 책에서 다룬 모든 논의에 일관되게 흐르고 있습니다. 특별히 창조에 대한 삼위일체적 해석은 이 장에서 다룬 그리스도론과 신론을 잇는 연결 고리 역할을 합니다. 저 셋을 연결하면 삼위일체 신학의 관점으로 실제 세계와 인간 역사를 해석하는 일관된 그림이 나옵니다. 이 그림이 얼마나 일관성을 지니고 있는지, 현실에 대한 우리의 세부 지식을 얼마나 포괄하고 설명할 수 있는지를 살펴보면서 우리는 이 그림이 얼마나 진리에 근접하는지를 가늠해볼 수 있을 것입니다.

물론 여기서 제시한 그림은 조직신학의 여러 대안 모형 중 하나일 뿐입니다. 저는 하느님의 아들이라는 관념을 중심에 두고 이를 만들어보았습니다. 이는 '새로운 존재'new being라는 폴 틸리히의 핵심 생각과 유사한 측면이 있습니다. 그

러나 틸리히의 사상은 대다수 신新프로테스탄트주의 그리스
도론(대표적으로는 슐라이어마허Friedrich Schleiermacher를 들 수 있겠지
요)이 그러하듯 삼위일체를 진지하게 숙고하지 않았습니다.
그러한 면에서 여기서 제시한 모형은 삼위일체와 성육신의
관계에 대한 설명에서는 차이를 보이긴 하지만, 칼 라너Karl
Rahner의 그리스도론 및 인간론과 더 밀접한 관련이 있습니
다. 라너와 달리 제가 제시한 모형은 성육신 과정에서 일어
나는 아들의 자기 비움이라는 움직임을 자신의 신적 정체성
의 포기로 보지 않고 아버지와의 영원한 관계에서 비롯된 특
징으로 봅니다.

그리고 이러한 측면에서 저의 모형은 칼 바르트의 그리스
도론 모형과도 다릅니다. 물론 조직신학에서 (그리스도론만을
다루는 경향에 맞서) 예수 그리스도를 다룰 때 삼위일체와 연관
지어야 한다는 바르트의 견해에 동의하지만 말이지요. 바르
트가 제시한 그림에서 삼위일체에 바탕을 둔 그리스도론은
예수 그리스도를 유일하게 선택받았으나 동시에 유일하게
비난받고 버림받는 하느님의 아들로 보는 그의 독특한 예정
론을 매개로 전개됩니다. 이와 달리 (앞서 언급했듯) 저의 모형
에서는 성육신 과정에서 일어나는 아들의 자기 비움이라는
움직임을 영원한 관계의 특징으로 받아들입니다. 바르트의

체계에서 핵심은 아들의 영원한 예정과 버림받음입니다. 바르트의 그림에서 창조는 아들이 겪은 수치가 기쁨으로 하느님과 친교를 나누는 피조물의 고양으로 이어지는 과정에서 부수적인 역할만을 할 뿐입니다. 이와 달리 저의 모형에서 영원한 아들의 자기 구별은 아버지와 나누는 친교의 조건입니다. 이는 하느님의 영원한 생명에서 하느님과 완전히 다른 피조물이 형성되는 전환을 설명해 줍니다. 또한 이 모형은 왜 아들의 성육신이 피조물의 형태, 하느님과의 차이를 받아들이고 나아가 죽기까지 하는 인간의 방식으로 이루어졌는지를 이해할 수 있게 해줍니다. 이렇게 이해한 아들의 성육신은 예수의 십자가와 죽음을 아버지로부터의 자기 구별의 궁극적인 완성일 뿐 아니라 아버지와의 연합의 궁극적인 완성으로 보는 해석에 일관성을 부여합니다. 역사 속에서 하느님의 아들은 하느님에게 자발적으로 순종하는 방식으로 하느님의 형상으로 존재하는 피조물인 인간의 운명, 곧 하느님을 하느님 되게 함으로써 그분의 영원한 생명과 영광에 참여하는 과정을 실현합니다. 이렇게 하느님의 영을 통해 아들은 창조하고 화해하며, 피조 세계와 연합을 이루는 하느님 활동의 경륜 전체를 구성합니다. 조직신학은 이러한 신적 경륜의 체계적인 일관성이 하느님의 영원한 생명과 진리, 그리고 영광을 드러내는 것이라고 설명합니다. 그렇게 조직신학은 하느님을 향한 찬미라는 인간 공통의 과제를 수행하는 데 기여합니다. 세속주의로 점철된 오늘날, 이는 그 어느 때보다도 긴박한 과업입니다.

볼프하르트 판넨베르크에 관하여

스베인 리세

판넨베르크는 여러모로 20세기 신학의 패러다임 전환을 대표하는 인물이다. 가장 큰 특징은 칼 바르트로 대표되는 변증법적 신학dialectical theology과 불트만 학파Bultmann school 사이에 자신의 신학을 자리매김했다는 것이다. 판넨베르크는 기본적으로 바르트의 영향을 받았지만, 바르트의 신학 프로그램을 받아들이지는 않았다. 그가 인간학과 신앙을 잇는 모든 연결 고리를 없애버렸다고 보았기 때문이다. 그렇다고 해서 불트만이 제시한 '아래로부터'의 신학에 만족한 것은 아니다. 판넨베르크에 따르면 불트만은 신학의 무게 중심을 역사적 사실에서 인간의 자기 이해로 바꾸어 인간 실존에 대한 해석을 신학의 규범을 세우는 틀로 삼았고, 이로써 신앙의 사사화라는 부적절한 결과가 초래되었다. 마찬가지 차원에서 판넨베르크는 해방신학도 신학적으로 편향되어 있다고 보았다. 그가 보기에 해방신학은 사회적 억압이라는 상황에서 복음이 작동하게 하려는 노력이 지나친 나머지, 현실에 대한 세속적 이해에 복음을 맞추어 버렸다. 판넨베르크에 따르면 이는 궁극적으로 복음의 해방적인 메시지가 지닌 힘을 상실하게 만든다. 그렇다면 이러한 도전들에 마주해 판넨베르크는 어떠한 신학을 기획했는가? 간단하게 답하면 지적 의무를 짊어지는 신학을 통해 주관주의를 극복하려 했다는 것이다.

신, 혹은 하느님 개념이 의미를 상실한 것처럼 보이는 시대, 역사의식의 형성으로 인해 바르트처럼 성서의 권위에 근거한 믿음이 불가능하게 된 시대에 신학이 다시 사람들의 신뢰를 받을 수 있는 유일한 길은 신학 작업이 상호주관적인 정당성을 획득하는 것이다. 신학은 반드시 신학과 다른 학문들이 서로 교차하는 지점에 놓여 있는 물음들을 탐구해야 한다. 또한 신학은 그 보편성universality에 대해 논의해야만 한다. 판넨베르크처럼 사회학자, 물리학자, 역사학자, 그리고 철학자들과 대화를 시도하며 이러한 과제를 진지하게 받아들인

20세기 신학자는 거의 없었다. 그가 생각하는 조직신학은 인간 경험의 총체적 현실을 신앙의 진리에 관한 논의 가운데 포괄해 내야 한다. 그렇게 해야만 자신이 믿는 신이 현실인지 환상인지를 가늠할 수 있기 때문이다.

판넨베르크의 생애

볼프하르트 판넨베르크는 1928년 10월 2일 지금은 폴란드의 영토가 된 당시 독일 북동부 오데르강 유역의 슈테틴에서 태어나 1942년 가족과 함께 베를린으로 이주하여 거기서 음악과 철학에 대한 관심을 키우며 성장했다. 손에 잡히는 대로 책을 읽던 그는 어느 날 니체의 저작들을 읽게 되었는데 이를 통해 그리스도교가 세상의 비극의 원인이라고 확신했다. 하지만 1945년 1월 판넨베르크는 훗날 자기 생애에서 가장 중요한 사건이었다고 부른 체험을 했다.

학교에서 집에 돌아오는 길에 그는 저 멀리 태양으로부터 빛이 나와 자신을 완전히 감싸는 것을 느꼈다. 마치 빛이 자신과 하나가 된 듯했다. 당시 그리스도교인이 아니었던 판넨베르크는 훗날 이 사건이 신학자가 되겠다는 소명을 갖는 데 결정적인 역할을 했다고 회고했다. 빛 체험 이후에도 그는 칸트를 비롯한 여러 사상가의 저작을 계속 읽었지만 니체가 묘사한 그리스도교와는 사뭇 다른 면모를 보였던 고등학교 선생님의 영향으로 처음으로 그리스도교에 관심을 갖게 되었다. 1947년 판넨베르크는 동베를린의 훔볼트 대학교에 들어갔고 철학과 신학을 함께 공부했다. 철학을 계속 공부하면서도 그는 그리스도교 연구에 매료되었고 신학을 자신의 업으로 삼기로 마음먹었다. 베를린에서 그는 마르크스주의에 관심이 많았다. 그는 청년 마르크스의 저작들부터 『자본론』Das Kapital에 이르기까지 모든 저작을 열독했다. 그가 마르크스주의의 이념적 측면과 억압적인 면모에 대해 비판적인 입장이 된 것은 훗날의 일이었다.

1948년 판넨베르크는 괴팅겐으로 옮겨 프리드리히 고가르텐Friedrich Gogarten[*], 한스 요아힘 이반트Hans Joachim Iwand[**],

---

[*] 프리드리히 고가르텐(1887~1967)은 독일 루터교 신학자다. 예나, 베를린, 하이델베르크에서 신학을 공부하고 사목 활동하다 1927년 예나 대학교의 조직신학 교수가 되었으며 1935년 괴팅겐 대학교 교수가 되어 1955년 은퇴할 때까지 그곳에서 조직신학을 가르쳤다. 칼 바르트, 에두아르트 투르나이젠과 변증법적 신학 운동을 주도했으며 이후에는 불트만의 영향 아래 그리스도교 복음에 대한 탈신화화 해석에 관심을 가졌다. 루터 연구자로서 루터 저작들의 편집에도 기여했다. 주요 저작으로 『신앙과 현실』Glaube und Wirklichkeit, 『세상 속의 교회』Die Kirche in der Welt, 『하느님과 세상 사이의 인간』Der Mensch zwischen Gott und Welt 등이 있다. 한국에는 『우리 시대의 절망과 희망』(대한기독교서회)이 소개된 바 있다.

[**] 한스 요아힘 이반트(1899~1960)는 독일 루터교 신학자다. 브레슬라

그리고 그가 당시 독일에서 가장 탁월한 철학자였다고 평가한 니콜라이 하르트만Nicolai Hartmann 밑에서 공부한다. 그리고 괴팅겐에서 1년을 보낸 뒤에는 세계교회협의회WCC의 장학금을 받아 바젤 대학교에 가서 칼 바르트와 칼 야스퍼스Karl Jaspers 밑에서 공부한다. 바젤로 가기 전 판넨베르크는 (그때까지 출간된)『교회교의학』Kirchliche Dogmatik을 다 읽었다. 당시에도 그리고 이후에도 그는 바르트를 존경했지만 바젤에서 공부할 때 이미 바르트의 사유는 철학적 엄밀함을 결여하고 있다고 생각했다. 조직신학, 철학, 교회사에 더해 성서학에도 관심을 기울이기 위해 여러 차례 시도했지만 별다른 성과를 거두지 못하다 1950년 하이델베르크 대학교에서 공부하게 되면서 그는 새로운 세계를 만난다. 게르하르트 폰 라트Gerhard von Rad*의 구약성서 강의를 들은 것이다. 당시 성서

_____

우, 할레-비텐베르크 대학교에서 신학을 공부했으며 1924년 박사 학위를 받고 1927년 교수자격논문이 통과되어 쾨니히스베르크 대학교를 거쳐 괴팅겐 대학교에서 조직신학을 가르쳤다. 1952년에는 본 대학교로 옮겨 세상을 떠날 때까지 그곳에서 조직신학을 가르쳤다. 루터를 중심으로 하는 종교개혁 사상과 칼 바르트의 영향 아래 은총과 칭의에 관한 글들을 많이 썼으며 그리스도교 평화 운동에도 적극적으로 참여했다. 주요 저작으로『신앙과 현실』Glaube und Wirklichkeit, 『루터의 가르침에 따른 신앙의 칭의』Glaubensgerechtigkeit nach Luthers Lehre, 『참된 신앙에 관하여』Um den rechten Glauben 등이 있다.

* 게르하르트 폰 라트(1901~1971)는 독일 구약학자이자 루터교 신학자

해석의 핵심 주제어는 '역사'였다. 폰 라트의 강의와 더불어
칼 뢰비트Karl Löwith*의 사상사 수업을 들으며 그는 그 중요
성을 깨달았다. 판넨베르크를 포함해 당시 젊은 신학 연구자

다. 에를랑겐 대학교, 튀빙겐 대학교에서 공부하고 에를랑겐 대학교,
예나 대학교, 괴팅겐 대학교를 거쳐 하이델베르크 대학교에서 구약학
교수가 되었고 이후 세상을 떠날 때까지 그곳에서 구약학을 가르쳤
다. 한편으로는 구약에 대한 양식 연구, 전승 연구를 통해 구약 전승의
형성과 발전을 탐구했으며 다른 한편으로는 전승에 일관되게 흐르는
메시지가 무엇인지를 분석해 구약에 대한 기존의 두 연구 방법(역사적
접근과 신학적 접근)을 통합했다는 평가를 받는다. 주요 저작으로 『구약
성서 신학』Theologie des Alten Testaments, 『이스라엘의 지혜』Weisheit in Israel, 『모
세의 다섯 번째 책 - 신명기』Das fünfte Buch Mose: Deuteronomium, 『모세의 첫
번째 책 - 창세기』Das Erste Buch Mose: Genesis 등이 있으며 한국에는 『구약
성서 신학』(분도출판사), 『창세기』(한국신학연구소), 『신명기』(한국신학연구
소) 등이 소개된 바 있다.

* 칼 뢰비트(1897~1973)는 독일의 철학자다. 뮌헨 대학교, 프라이부르크
대학교, 마르부르크 대학교에서 인간학, 사회학과 철학을 공부했으며
1923년 니체에 관한 연구로 박사 학위를 받았다. 이탈리아에서 현대
및 19세기 정신사를 연구한 뒤 1928년 하이데거가 재직하고 있던 마
르부르크 대학교의 철학 교수가 되었으나 1936년 나치의 박해를 피해
일본을 거쳐 미국으로 가 하트퍼트 신학대학교와 뉴스쿨 사회연구학
교에서 철학을 강의했다. 2차 세계대전이 끝난 뒤 1952년 독일로 돌아
와 하이델베르크 대학교에 자리를 잡았고 1964년 은퇴할 때까지 그곳
에서 가르쳤다. 그리스도교 철학의 세속화, 헤겔과 마르크스의 역사
철학 등에 관심을 기울였고 이와 관련해 영향력 있는 저서들을 남겼
다. 주요 저서로 『헤겔에서 니체로』Von Hegel zu Nietzsche, 『야콥 부르크하
르트』Jacob Burckhardt, 『역사의 의미』Meaning in History, 『지식과 신앙 그리고
회의』Wissen, Glaube, Skepsis 등이 있으며 한국에는 『헤겔에서 니체로』(민음
사), 『지식과 신앙 그리고 회의』(다산글방) 등이 소개된 바 있다.

들은 하이델베르크에서 가르치는 조직신학이 역사라는 주제를 성서학이나 사상사에서와 같은 수준으로 다루지 못한다고 생각했다. 그리고 이러한 통찰은 성서학에서 폰 라트가 보여준 전망을 조직신학에서 관철해내는 것을 목표로 하는 이들의 모임인 이른바 하이델베르크 학파Heidelberg circle의 탄생으로 이어졌다. 이 하이델베르크 학파 구성원들과 10년간 나눈 논의들을 담은 책이 바로 1961년 출간된 『역사로서의 계시』Offenbarung als Geschichte다. 하지만 하이델베르크에서 그는 계시에 대한 새로운 이해만 갖게 된 것이 아니었다. 한스 폰 캄펜하우젠Hans von Campenhausen*의 강의를 통해 그는 교부학을 알게 되었고 이후 교부학은 그의 학문 활동에서 매우 중요한 비중을 차지했다. 교부 연구를 통해 판넨베르크는 신학이 궁극적으로 삶과 죽음을 아우르는 문제에 관심한다는 것을 배웠다. 한동안은 루터교 신학자인 에드문드 슐링

---

* 한스 폰 캄펜하우젠(1903~1989)은 독일의 개신교 신학자이자 교회사가다. 하이델베르크와 마르부르크 대학교에서 신학과 역사를 공부했으며 기센 대학교, 괴팅겐 대학교를 거쳐 1945년 하이델베르크의 교회사 교수가 되었다. 라틴 교회 교부와 그리스 교부에 대한 수많은 연구물을 남겨 20세기 가장 중요한 개신교 역사가 중 한 사람으로 평가받는다. 주요 저서로 『그리스 교부』Griechische Kirchenväter(『희랍 교부 연구』(한국기독교출판사)로 역간), 『라틴 교부』Lateinische Kirchenväter(『라틴 교부 연구』(한국기독교출판사)로 역간) 『그리스도교 성서의 기원』Die Entstehung der christlichen Bibel 등이 있다.

크Edmund Schlink*의 조교로 일하기도 했는데 그에게도 커다란 자극을 받았다. 판넨베르크에게 교회일치 신학에 대한 관심을 부추기고 다른 학문 분야, 특히 자연과학과의 대화의 중요성을 가르쳐 준 사람이 바로 슐링크였다.

슐링크의 지도 아래 판넨베르크는 둔스 스코투스Duns Scotus의 예정론에 관해 박사학위논문을 완성했고 이는 1953년 『스콜라주의의 교리 발전이라는 맥락에서 바라본 둔스 스코투스의 예정론』Die Prädestinationslehre des Duns Scotus im Zusammenhang der scholastischen Lehrentwicklung이라는 제목으로 괴팅겐에서 출간되었다. 그의 교수자격논문인 「유비와 계시 - 하느님에 관한 앎의 교리에서 유비 개념의 역사에 대한 비판적 검토」Analogie und Offenbarung: Eine kritische Untersuchung der Geschichte des Analogiebegriffs in der Gotteserkenntnis는 1955년 통과되었다. 이 논문에서 그는 고대부터 중세까지에 이르는 유비 개념의 역사를 다루었는데 출간되지는 않았다. 이 논문을 계기로 판넨

---

* 에드문트 슐링크(1903~1984)는 독일의 개신교 신학자다. 뮌헨 대학교, 마르부르크 대학교에서 심리학과 신학으로 박사 학위를 받았다. 고백교회의 일원으로 활동하다 1946년 하이델베르크 대학교 조직신학 교수가 되었으며 71년까지 그곳에서 가르쳤다. 독일 대학교에 최초로 교회일치연구소를 세웠으며 세계교회협의회 위원으로도 활발한 활동을 펼쳤다. 주요 저서로 『하느님의 심판 속 은총』Die Gnade in Gottes Gericht, 『교회 투쟁의 결과』Der Ertrag des Kirchenkampfes 등이 있다.

베르크는 하이델베르크 대학교에서 자리를 얻어 중세 신학사, 루터의 종교개혁, 근대 개신교 신학사 등을 가르쳤다. 마지막 주제와 관련해 그는 근대 신학의 발전에서 헤겔이 차지하는 중요성과 그가 오늘날 신학을 향해 제기한 도전들을 알게 되었으며 이후 신학은 헤겔의 정교한 철학에서 자기 성찰과 표현의 방법을 배워야 한다는 입장을 갖게 되었다.

1958년 판넨베르크는 부퍼탈 신학교의 조직신학 교수가 되었고 3년간 위르겐 몰트만의 동료로 지내게 된다. 이 기간 그는 조직신학의 주요 주제들, 특히 그리스도론과 인간론을 발전시키기 시작했다. 그러나 윤리학을 포함한 교의학 전체 주제들을 고민하게 된 것은 1961년 마인츠 대학교의 교수가 된 이후였다. 1968년에는 뮌헨 대학교 신학부의 교수가 되어 거기서 1994년에 은퇴할 때까지 가르쳤으며 교회일치연구소의 소장으로도 활동했다. 특히 그는 신학과 철학의 대화를 비롯한 학제 간 토론에 적극적으로 참여했으며, 기나긴 논의 끝에 나온 칭의 교리에 관한 공동선언(1999)의 바탕을 만든 개신교 및 로마 가톨릭 신학자 위원회 위원으로 활동하는 등 교회일치운동에 적극적으로 참여했다. 그는 미국의 영향력 있는 신학 연구기관들에서 방문 교수로 활동했고 세계 곳곳에 있는 대학들에서 명예박사학위를 받았다.

판넨베르크의 저작들

　하이델베르크 학파가 1961년 출간한 『역사로서의 계시』
는 일종의 신학 프로그램을 제시한 책이었다. 이 책에서 판
넨베르크는 서문과 「계시의 교리에 대한 교의학의 주제들」
Dogmatische Thesen zur Lehre von der Offenbarung이라는 글을 썼다.
이후 그는 2판의 후기를 쓰면서 책에서 제시한 논의들을 언
급하고 이를 발전시킨다. 그는 하느님이 당신 스스로 인간에
게 당신을 알리는 곳에서만 계시가 발생한다는 점에서 바르
트에게 동의한다. 이는 하느님이 당신을 드러내는 통로로서
의 매개가 계시를 하는 하느님과 동질적이라는 의미다. 즉
계시는 언제나 자기-계시self-revelation다. 그러므로 계시는 초
자연적인 성격을 지닌 신비한 상황들이 아니라 시공간에서
이루어지는 구체적인 사실들과 연결된다. 계시가 일어나는
장소를 강조하는 지점에서 판넨베르크는 바르트로부터 결
별한다. '역사로서의 계시'라는 프로그램의 핵심은 말씀의
선포(바르트)로부터 역사로의 전환이다. 이러한 전환은 계시
가 간접적으로 일어날 수 있는, 그래서 모두가 이를 인지하
고 볼 수 있는 가능성을 열어젖힌다. 간접적인 계시는 또한
역사 전체, 즉 보편사universal history를 하느님이 자신을 드러내
는 자리로 생각하는 것을 가능케 한다. 그리고 이는 하느님

이 역사의 종말에 이르렀을 때만 분명하게 가시화될 수 있음을 암시한다.

1964년 판넨베르크는 『그리스도론 개요』Grundzüge der Christologie를 출간해 계시 신학에 또 다른 공헌을 남겼다. 이 책은 판을 거듭해 나왔으며(1976년에만 5판이 출간되었다) 영어로 번역된 첫 번째 저작이기도 하다. 그리스도론을 다룬 이 책에서 판넨베르크는 계시 신학의 기초 위에서 예수와 하느님의 연합에 대해 일관되게 논증한다. 즉 이 저작은 분명『역사로서의 계시』의 연장선에 있다. 열쇠는 예수라는 인격체의 부활과 그 부활의 의의다. 판넨베르크는 예수가 미래에 이루어질 하느님의 궁극적 결정을 기대하며 그분의 심판과 구원을 선포했다고 본다. 예수는 심판과 구원을 선포할 수 있는 권위를 갖고 있지만 그 권위는 시간의 끝에서 일어날 일을 통해서만 확인할 수 있다. 판넨베르크는 하나의 특별한 전통, 이른바 미래에 대한 묵시론적 기대에 비추어 부활을 이해한다. 예수가 지상에서 한 활동의 (다가올 미래에 대한) 예비적 성격과 후기 유대교 묵시문학의 역사 이해 사이에는 밀접한 관련이 있다. 구약성서에 등장하는 예언자의 말은 미래의 성취를 통해 확인되지만, 묵시론적 종말론자의 역사적 전망은 역사적 사건 그 자체를 통해 규명된다. 예수가 선포한 바와 유대교 묵시 종말론적 전망의 내용이 차이가 있음에도 불구하고 묵시 사상이라는 틀로 예수의 활동을 이해해야 하는 것은 이 때문이다. 또한 이는 왜 시간의 끝에서 실제로 일어나는 일들이 예수라는 인격체를 정당화해주는지를 설명해 준다. 이러한 생각들을 바탕으로 판넨베르크는 예수의 삶과 죽음이 역사의 종말을 예비적으로 선취한다는 주장을 펼친다.

판넨베르크의 그리스도론에 따르면 계시 신학이라는 측면에서 칭의justification는 예수의 역사에 근거한 '아래로부터'의 사유를 내포한다(판넨베르크는 5판 후기에서 내용을 수정했다). 물론 그는 그리스도론을 전개할 때 '위로부터', 달리 말하면 하느님의 현실성에서 시작해야 한다는 것을 알았다. 하지만 이는 하느님이 인간의 생활 세계에 관여하고 있다는 것을 입증하는 것이 가능하냐는, 가능하다면 어떠한 의미에서 가능하냐는 물음을 제기한다. 판넨베르크는 이 문제를 자신의 인간학 관련 저작들을 통해 철저하게 다루었다. 『인간이란 무엇인가? 신학에 비추어 본 현대 인간학』Was ist der Mensch? Die Anthropologie der Gegenwart im Lichte der Theologie(1962), 『신학적 관점에서 본 인간학』Anthropologie in theologischer Perspektive(1983) 등이 그 대표적인 저작들인데 그중에서도 후자는 인간학 분야에서 판넨베르크의 주저로 막스 쉘러Max Scheler*, 헬무트 플레스너Helmuth Plessner**, 아르놀트 겔렌Arnold Gehlen*** 이래 이 분야에서 가장 포괄적인 설명을 제시한 저작이다. 판넨베르크

---

* 막스 쉘러(1874~1928)는 독일의 철학자다. 뮌헨 대학교에서 의학과 철학, 베를린 대학교에서 철학과 사회학을 공부했으며 예나 대학교에서 박사 학위를 받았다. 쾰른 대학교를 거쳐 프랑크푸르트 대학교의 교수로 활동했다. 20세기 철학적 인간학을 정초한 이로 평가받으며 1980년 전집이 간행되었고 이후에도 계속 유고집이 나오고 있다. 주요 저서로 『가치의 전복』Vom Umsturz der Werte, 『인간의 영원에 대하여』Vom Ewigen im Menschen, 『우주에서 인간의 지위』Stellung des Menschen im Kosmos 등이 있으며 한국에는 『우주에서 인간의 지위』(아카넷)이 소개된 바 있다.

** 헬무트 플레스너(1892~1985)는 독일의 철학자이자 사회학자이다. 괴팅겐 대학교, 하이델베르크 대학교에서 의학, 생물학, 철학을 공부했다. 2차 세계대전 중 나치를 피해 네덜란드로 이주했다가 이후 독일로 돌아와 괴팅겐 대학교 사회학 교수가 되었다. 인간 학문의 모든 성취를 철학적 인간학 안에서 통합하려 한 학자로 평가받는다. 주요 저서로 『유기체와 인간의 단계』Die Stufen des Organischen und der Mensch, 『인간 조건의 문제』Die Frage nach der Conditio humana 등이 있다.

*** 아르놀트 겔렌(1904~1976)은 독일의 철학자이자 사회학자다. 라이프치히 대학교와 쾰른 대학교에서 철학, 문학, 미술사 등을 공부했으며 푸랑크푸르트 대학교를 거쳐 아헨 공과대학교의 교수가 되어 1969년까지 그곳에서 철학을 가르쳤다. 막스 쉘러, 헬무트 플레스너와 함께 철학적 인간학을 대표하는 사상가로 뽑힌다. 주요 저서로 『인간, 그 본성과 세계에서의 위치』Der Mensch, seine Natur und seine Stellung in der Welt, 『인간학과 사회학 연구』Studien zur Anthropologie und Soziologie, 『인간학적 탐구』Anthropologische Forschung 등이 있다. 한국에는 『인간, 그 본성과 세계에서의 위치』(지만지), 『최초의 인간과 그 이후의 문화』(지만지) 등이 소개된 바 있다.

가 제시한 견해는 하느님이 예수 그리스도를 통해 당신을 계시했다면 그분은 또한 모든 인간의 경험에 자신의 무엇, 즉 자신의 인간성을 드러냈다는 것이다. 문화인류학에서 중요하게 다루는 주제들과 함께 정체성의 형성, 자기의식, 죄, 죄책감, 책임감, 상상력, 이성, 언어 등을 논의하면서 그는 인간 삶의 총체적 현실에 종교적인 것이 내포되어 있음을 보여주려 했다. 이 때문에 그는 자신의 인간학 저술들을 통해 이루어진 탐구를 '기초-신학적 인간학'fundamental-theological anthropology이라고 불렀다. 그는 하느님의 현실성을 의심의 여지가 없는 것으로 전제하지 않고 현상에 내포된 하느님의 현실성을 드러내기 위해 현상과 경험을 연구했다. 그 과정 가운데 판넨베르크는 인문학과 끊임없이 대화한다(어떠한 부분에서는 동의하고, 어떠한 부분에서는 유보하는 태도를 보인다). 한 가지 중요한 결론은 인간의 정체성은 하느님의 형상에 비추어 보아야 한다는 것이다. 판넨베르크에 따르면 인간학적 논의도 계시 이해에 비추어 해석되어야 한다.

이러한 판넨베르크의 생각은 신학의 학문적 성격을 탐구한 방법론 연구인 『학문이론과 신학』Wissenschaftstheorie und Theologie(1973)에서도 일관되게 관철된다. 그는 이 저작에서 인간이 자신에 대하여, 그리고 세계에 대하여 갖게 되는 모든 경험의 기초 위에서 그리스도의 계시를 통해 드러난 진리 요청을 어떻게 검증할 수 있는지에 대한 정교한 기준을 찾으려 한다. 달리 말하면 학문 이론의 차원에서 신학의 자리를 가늠해보려는 것이다. 판넨베르크는 하느님, 신은 이에 따라오는 경험이 학문 이론에 부합하는 기준을 토대로 확인하거나 부정할 수 있는 가설이기에 이러한 작업이 반드시 필요하다고 주장한다. 이는 어떤 이들이 오해하듯 그가 신 존재 '증명'을 하려 했다는 뜻이 아니다. 검증은 해석학적 절차로 하느님에 대한 진술들을 그 함의에 기초하여 시험하는 과정이다. 이는 하느님을 어떤 다른 권위에 의해 검증받게 한다는 뜻이 아니다. 하느님에 대한 진술의 참됨 여부를 하느님이 정의하는 현실과의 관련 속에서 확인할 수 있다면 이는 하느님이 당신 스스로를 하느님으로 드러냈기에 가능한 것이다. 이는 판넨베르크가 자기 신학 전체에서 일관되게 전개했듯 자기 계시라는 성서적 개념에도 부합한다. 따라서 하느님을 그 함의들에 기초해 검증해 볼 때만 신학은 모든 학문이 주장하는 상호주관적 타당성을 지닐 수 있게 된다.

판넨베르크에게 조직신학의 가장 중요한 과제는 하느님이 역사 속에서 당신 스스로를 드러내신다는 것을 보여주는 것이다. 그렇기에 조직신학의 핵심은 신론이며 그는 이를 자신의 세 권짜리 『조직신학』Systematische Theologie(1권 1988년, 2권 1991년, 3권 1993년)에서 분명하게 보여주고 있다. 이미 그는 『조직신학의 근본 물음들』Grundfragen systematischer Theologie(1권 1967년(2판 1971년), 2권 1980년)에 수록된 논문들과 『신 관념과 인간의 자유』Gottesgedanke und menschliche Freiheit(1971(2판 1978년)), 『신앙과 현실』Glaube und Wirklichkeit(1975), 『형이상학과 신 관념』 Metaphysik und Gottesgedanke(1988) 등의 저술을 통해 조직신학(혹은 교의학)의 주제들을 다루곤 했다. 그러나 신론을 삼위일체 하느님에 관한 교리로 적극적으로 다룬 것은 『조직신학』뿐이다. 판넨베르크에 따르면 삼위일체론은 계시 개념의 궤적을 따라 구원의 경륜에 대한 가르침으로, 예수의 삶과 메시지를 통해 제시된 것처럼 성부, 성자, 성령이 계시 사건 안에서 행하는 방식에 대한 가르침으로 이해해야 한다. 이러한 근본적인 통찰을 바탕으로 그는 1961년 제시한 기획을 완전히 새로운 방식으로 구조화한다.

구원의 경륜이라는 말은 무슨 뜻을 내포하고 있는가? 첫 번째는 하느님의 신성은 하느님이 만물을 규정하는 힘이자 창조를 주관하는 주권을 지니고 있다는 사실에 바탕을 두고 있다는 것이다. 그러나 우리가 하느님이 진정 주권을 갖고 계심을 알게 되는 것은 오직 피조물들이 궁극적으로 구원을 받을 때다. 하느님의 현실성과 힘은 역사의 끝에 이르러서야 최종적으로 규명된다. 이것이 만물의 완성, 그 최종점에 도달하는 역사의 전 과정을 하느님과 그분의 현실성의 자기 증명으로 해석해야 하는 이유다. 이는 또한 그분의 삼위일체적 존재에 속한 신적 속성들을 입증하는 것이기도 하다. 이러한 논의를 받아들인다면 세상에서 이루어지는 하느님의 활동, 즉 경륜적 삼위일체가 하느님 당신 자신, 즉 내재적 삼위일체를 밝히는 것이 뒤따르는 과제가 된다. 이러한 맥락에서 판넨베르크는 내재적 삼위일체가 경륜적 삼위일체의 전제조건이라고 말한다. 피조물의 완성은 그리스도의 구원에 달려 있다. 하느님은 자신의 본성을 통해 생겨나게 된 구원의 생명, 삶을 피조물에게 전달하기 때문이다. 만물의 완성에 이르러 그리스도가 신적 주권을 성부에게 되돌릴 때 하느님의 사랑은 목적을 이룬다. 이 사건을 통해서만 우리는 하느님이 무한하고 영원한 분임을 안다. 이 무한한 분은 유한한 것을 자신의 무한성 속으로 완전히 끌어안는다. 그렇기에 판넨베르크는 하느님의 정체성을 내재적 삼위일체와 경륜적 삼위일체의 연합으로 설명한다. 하느님이 성부, 성자, 성령으로 세상에 들어와 그 세상을 온전히 품을 때 우리는 비로소 하느님이 '한' 분인지를 이해하게 된다.

삼위일체론

내재적 삼위일체와 경륜적 삼위일체의 관계는 오늘날 조직신학에서 가장 뜨거운 주제다. 1960년 칼 라너는 자기 안에 있는 하느님(내재적 하느님)과 역사 가운데 활동하는 하느님(경륜적 하느님)이 일치한다는 주장을 펼쳐 논쟁의 불씨를 지폈다. 이후 삼위일체론 관련 논의들은 '라너의 법칙'Rahner's rule이라고 불리는 그의 논지에 대해 어떠한 식으로든 견해를 제시해야 했다. 프레드 샌더스Fred Sanders는 『내재적 삼위일체의 모습 - 라너의 법칙과 신학적 성서 해석』In The Image of the Immanent Trinity: Rahner's Rule and the Theological Interpretation of Scripture 에서 이후 논의에 참여한 학자들이 라너의 주장을 더 급진적으로 밀고가거나, 혹은 덜 급진적으로 만들었다고 주장한다. 구체적으로 그는 더 급진적으로 밀고간 이들로 한스 큉Hans Küng, 위르겐 몰트만Jürgen Moltmann, 볼프하르트 판넨베르크, 로버트 W. 젠슨Robert W. Jenson*, 캐서린 M. 라쿠나Catherine M.

---

* 로버트 W. 젠슨(1930~2017)은 미국의 루터교 신학자다. 루터 칼리지에서 고전문학과 철학을, 루터 신학교에서 신학을 공부하고 하이델베르크 대학교에서 박사 학위를 받았다. 이후 루터 칼리지, 옥스퍼드 대학교 맨스필드 칼리지 등을 거쳐 세인트 올라프 대학의 교수가 되

LaCugna[*]를, 덜 급진적으로 만들어 일정한 제한을 둔 이들로
는 이브 콩가르Yves Congar[**], 한스 우르스 폰 발타자르Hans Urs

어 1998년까지 그곳에서 가르쳤다. 이후 미국 프린스턴에 위치한 신
학연구소의 연구 교수로 활동했다. 20세기 후반 미국을 대표하는 조
직신학자로 평가받는다. 주요 저서로 2권으로 된 『조직신학』Systematic
Theology, 『하느님 이후의 하느님』God after God, 『인간에 관한 생각』On
Thinking the Human 등이 있다.

[*] 캐서린 M. 라쿠나(1952~1997)은 미국의 여성 가톨릭 신학자다. 시애틀
대학교에서 공부하고 포덤 대학교에서 석사 및 박사 학위를 받았으
며 1981년부터 노틀담 대학교의 교수로 활동했다. 칼 라너의 삼위일
체 연구를 이어받아 그리스도인의 실천적 삶에서 삼위일체가 어떠한
의미를 갖는지를 기술해 삼위일체론의 부흥에 기여했다. 주요 저서로
『우리를 위한 하느님』God for Us(대한기독교서회에서 역간), 『자유케 하는
신학』Freeing Theology이 있다.

[**] 이브 콩가르(1904~1995)는 로마 가톨릭 사제이자 신학자, 도미니크회
수도사다. 프랑스에서 태어나 1925년 도미니크 수도회에 입회하고 파
리 가톨릭 대학교에서 철학을 공부했으며 라 솔사르에 있는 도미니크
수도회 신학원에서 신학을 공부한 뒤 1930년 사제 서품을 받았다. 이
후 도미니크 수도회 신학원에서 기초신학과 교회론을 가르쳤으며 문
고판 시리즈인 '거룩한 하나의 교회'Unam sanctam 시리즈를 발간해 개신
교 및 정교회와 로마 가톨릭의 교회일치운동에 앞장섰다. 1959년 제2
차 바티칸 공의회에 적극적으로 참여해 교회헌장과 일치교령의 의안
준비, 토의과정을 주도했다. 1994년에는 신학 발전과 일치운동에 기
여한 공로를 인정받아 추기경으로 서임받았다. 주요 저서로 총 3권으
로 이루어진 『나는 성령을 믿나이다』Je crois en l'Esprit Saint, 『다양성과
친교』Diversités et communion, 『전통과 교회생활』La Tradition et la vie de l'Église
등이 있다.

von Balthasar[*], 토머스 F. 토렌스Thomas F. Torrance[**], 폴 D. 몰나르
Paul D. Molnar[***], 칼 바르트를 든다. 그렇다면 어떠한 의미에서

---

[*] 한스 우르스 폰 발타자르(1905~1988)는 스위스 출신 로마 가톨릭 사제,
신학자다. 스위스 루체른에서 태어나 빈, 베를린, 취리히에서 독문학
을 전공했고 1928년 독문학으로 박사 학위를 받았다. 이후 예수회에
입회하고 독일 플라흐에서 철학을, 프랑스 푸르비에르에서 신학을 전
공했다. 1936년에는 사제 서품을 받았으며 1945년 여성 신비가 스페
이어와 함께 '요한 공동체'라는 재속회를 설립하고 이를 이끌었다. 국
제 가톨릭 잡지 「코뮤니오」Communio를 창간하고 수많은 신학 저술을
발표했으나 교수직을 맡지 않았기에 별다른 주목을 받지 못하다 1984
년 교황청 국제신학위원회가 수여한 '바오로 6세상'을 받은 후부터 세
상에 널리 알려지게 되었으며 오늘날에는 20세기를 대표하는 대표적
인 가톨릭 신학자 중 한 사람으로 평가받고 있다. 주요 저작으로 15권
으로 이루어진 신학적 미학 3부작(1부 '영광'Herrlichkeit(전 7권), 2부 '하느
님의 드라마'Theodramatik(전 5권), 3부 '하느님의 논리'Theologik(전 3권))이
있으며 한국에는 『발타사르의 지옥 이야기』(바오로딸), 『발타사르의
구원 이야기』(바오로딸)이 소개된 바 있다.

[**] 토머스 F. 토렌스(1913~2007)는 스코틀랜드의 개신교 신학자이자 목회
자다. 에든버러 대학교에서 고전어와 철학을 공부했으며 바젤 대학
교에서 신학을 공부하고 칼 바르트의 지도 아래 박사 학위를 받았다.
이후 미국의 오번 신학교, 프린스턴 대학교를 거쳐 뉴 칼리지에서 처
음에는 교회사를 이후 1979년까지 조직신학을 가르쳤다. 칼 바르트
의 『교회교의학』을 영역해 영미권에 소개한 학자이자 칼뱅 연구,
신학과 과학의 대화에 탁월한 업적을 남긴 학자로 평가받는다.
주요 저서로는 『칼뱅의 인간론』Calvin's Doctrine of Man, 『칼 바르트』
Karl Barth, 『공간, 시간과 성육신』Space, Time and Incarnation, 『신학과 자
연과학』Theological and Natural Science 등이 있다.

[***] 폴 D. 몰나르(1946~)는 로마 가톨릭 신학자다. 성모 마리아 축성 대
성당 신학교에서 신학을 공부하고 세인트존스 대학교에서 교의학
을, 포덤 대학교에서 조직신학으로 박사 학위를 받았다. 현재 세인

판넨베르크가 라너의 논문을 급진적으로 밀고 간 것일까?

삼위일체를 이루는 위격들이 각자의 자리가 어디인지를 가리키는 표현들(이를테면 '발출', '낳음')만으로는 위격들의 관계를 충분히 알 수 없다고 판넨베르크는 생각했다. 그러한 표현들은 성부로부터 성자, 성령으로 이어지는 일방향의, 즉 '일방적 전달'을 바탕으로 위격들의 관계를 생각한다는, 그리하여 그 일방향적 관계 외에 위격들 간의 다른 관계가 각 위격들의 정체성과 존재에는 결정적인 의미가 있지 않은 것처럼 보이게 만드는 문제를 지니고 있다고 그는 이야기했다. 궁극적으로 이 일방성의 근원은 삼위일체에서 성부를 논리상 주어로 여긴다는 데 있다. 이러한 생각의 고전적인 형태를 보여준 이는 헤겔이지만 바르트 역시 삼위일체 신학에서 이러한 생각을 표현하고 있다. 헤겔과 바르트를 향한 판넨베르크의 주된 비판은 논리 상 주어로서의 하느님이 역사 속에서 자기 전개에 선행하는 것으로 생각될 때 우리는 필연적으로 그분을 세계를 넘어 있는 이, 당신 자신과 동일한, 자신의 삼위일체적 삶을 전달하는 대상인 역사로부터 동떨어진 이

트존스 대학교에서 신학을 가르치고 있다. 칼 바르트와 토머스 F. 토렌스 연구 및 삼위일체 연구로 널리 알려져 있다. 주요 저서로 『성육신과 부활』Incarnation and Resurrection, 『토머스 F. 토렌스』Thomas F. Torrance 등이 있다.

로 상상할 수밖에 없다는 것이다. 이렇게 되면 삼위일체의 내재적 삶과 이 삶이 역사를 통해 가시화되는 방식을 우리의 머릿속에서 객관적으로, 적절하게 결합하는 것이 불가능해진다. 또한 예수와 그의 역사가 왜 하느님의 계시가 되는지를 삼위일체에 바탕을 둔 용어로 설명할 수도 없고 성육신도, 예수의 죽음도 하느님의 정체성을 구성하는 필수적인 요소가 되지 않게 된다. 하느님의 존재 안에서 하느님의 정체성과 계시를 통해 드러나는 정체성이 갈라지게 되는 것이다. 헤겔과 바르트는 모두 나름대로 이해한 삼위일체 교리를 따라 이 둘을 결합하고자 했고, 결국 그래서 실패했다고 판넨베르크는 지적한다. 그렇다면 판넨베르크는 어떤 대안적 이해를 제시했는가? 이를 위해서 우리는 그가 몰트만의 논의에 대해 신중하게 진행한 비판을 살펴보아야 한다.

몰트만의 80회 생일 기념 논문집에서 판넨베르크는 몰트만이 어떻게 상호내주라는 교부들의 신학을 활용해서 하느님의 위격들의 연합과 차이를 확립하려 하는지를 보여준다.*
판넨베르크는 역사가 아닌 신적 주어를 삼위일체론의 출발점으로 삼는 바르트와 차이를 드러낸다는 점에서 몰트만에

---

* 다음을 보라. Welker, Volf, *Der lebendige Gott als Trinität* (München, 2006), 13~22.

게 동의한다. 바르트와 달리 몰트만은 예수의 역사를 바탕으로 삼위일체론의 정당성을 확보하려 하고, 또한 이 역사가 성자의 역사이기도 하다는 것을 보여주려 한다. 그러나 이러한 의도에도 불구하고, 몰트만은 영원 속에서의 위격들의 구성(태초의 관계)과 구원의 역사에서의 삼위일체의 삶을 구분한다. 판넨베르크가 보기에 이러한 구분은 내재적 삼위일체와 경륜적 삼위일체의 연관성을 불분명하게 만든다. 그렇기에 그는 몰트만의 구분이 내재적 삼위일체와 경륜적 삼위일체의 결합이라는 전제와 조화를 이룰 수 있는지 물으며 자신의 삼위일체론을 제시한다. 성서 본문이 성부로부터 성자의 나심이라는 영원한 사건을 지상에서 예수가 자신과 성부를 구별하는 것을 통해, 또한 그가 영원 가운데 순종하는 아들로서 아버지에게 순종한다는 사실을 통해 증언해 준다는 것이다. 예수의 삶에서 일어난 모든 사건에 이는 반영되어 있다. 판넨베르크에 따르면 복음서 저자들이 아들이라는 개념을 예수의 세례와 연결할 때(루가 3:22), 예수가 "권능으로 하느님의 아들로" 확정되는 일은 죽은 사람들 가운데서 부활한 사건을 통해 일어났다고 바울이 주장할 때(로마 1:4), 또한 예수 자신이 세례를 통해 성령, 즉 성부로부터 나오며 또한 예수가 자신에게 속한 이들에게 보낼(요한 15:26) 그 성령을 받았다고 말할 때 삼위일체의 구성과 삼위일체의 삶은 한데 얽혀있다. 이는 하느님의 생명, 삶이 태초의 관계로만 환원될 수 없음을 뜻한다. 하느님의 위격들의 상호 구별이 그 위격들의 구성에 적용된다면 구성과 삶은 겹치기 때문에 삼위일체의 구성과 삼위일체의 삶(구원의 경륜)을 구분하는 몰트만의 작업은 불필요한 일이 된다. 구원의 경륜을 통한 삼위일체의 드러남보다 본질적 삼위일체에 우선권을 주어서는 안 된다. 예수의 역사를 통해 그 방향을 잡은 삼위일체 교리는 삼위일체의 구성을 삼위일체의 삶에 선행하는 사건으로 만들 수 없다. 그렇게 된다면 구성과 실현이 갈라지기 때문이다. 판넨베르크가 보기에 삼위일체는 역사를 통해 실현되는 가운데 구성된다.

이는 삼위일체가 펼쳐지는 가운데 하느님의 자기 계시와 하느님의 주권이 밀접하게 연결되어 있다는 바르트의 주장을 새롭게 보게 해준다. 아타나시오스가 말했듯 성부는 성자 없이는 성부일 수 없으며, 하느님 나라 또한 성자의 매개 없이는 하느님 나라가 될 수 없다. 하느님 나라 신학에서 삼위일체의 위격들은 정확히 불가분의 관계를 맺고 있다. 바로 여기서 하느님의 주권, 통치는 전제 군주의 통치와 구별되며 이점에서는 삼위일체적이지 않은 유일신론을 비판한 몰트만이 옳았다고 평가한다. 예수가 선포한 하느님의 주권은 아버지의 주권이며 그리스도교인과 유대교인은 모두 이 주권이 온전히 이 땅에서 행사되기를, 통치가 완전히 실현되기를 고대한다. 그러나 이는 성자의 매개, 성령이라는 권능 없이는 이루어지지 않는다. 태초에 성부, 성자, 성령이 친교를 나눈다. 영원한 생명, 삶은 이 친교에 기원을 두며 마찬가지로 이 땅에서 하느님 아버지와 아들 예수 그리스도는 관계를 맺으며 친교를 나눈다. 이것이야말로 참된 해방이며 이러한 방식으로 경륜적 삼위일체의 삶은 내재적 삼위일체의 삶과 한데 얽힌다.

판넨베르크의 삼위일체론이 전통적인 삼위일체론의 방향 전환을 수반한다는 점에는 의심의 여지가 없다. 이를 통해 그는 더 큰 차원에서 역사의 사건들을 통합하고자 했다. 삼위일체의 실현을 하느님 안의 위격들의 관계를 구성하는 요소로 삼은 것은 판넨베르크 이론의 특징이다. 하지만 누군가는 이 대안적 해석이 하느님의 자유와 독립성을 제대로 다루고 있는지 의문을 가질 수 있다. 이에 대한 답은 『조직신학』 3권에 있는 종말론과 관련해 심도 있게 논의되는 시간과 영원의 관계를 살펴보면 찾을 수 있다. 그는 하느님이 부활, 즉 죽음의 경계를 깨뜨리고 시간을 초월한 것(성령을 통

해 죽은 이들 가운데서 예수를 일으킨 분은 바로 하느님이다(로마 1:4))
이야말로 종말의 내용이라고 단언한다. 부활은 삼위일체가
그 자체로 완전한 실현을 이미 품고 있음을 보여주고, 시간,
즉 우리의 시간을 끌어안아 이를 당신의 것으로 만드는 영
원하고 무한한 하느님을 생각할 수 있게 해준다. 지금 여기
에서의 삶은 그리스도와의 종말론적 친교를 맺는 가운데 시
간의 끝, 즉 만물이 완성될 때 드러날 '내용'이 드러난 것이
자 이를 향한 지속적인 과정이다. 하느님은 완성을 향한 이
과정 가운데 당신 자신을 "실현"한다. 여기서 판넨베르크는
"실현"realization이라는 개념을 사용함으로써 뒤따르는 문제들
이 무엇인지 알고 있다. 유한한 주체들은 언제나 행동의 목
표를 세우는 시간과 그 행동을 수행하는 시간의 차이에 종
속되기 마련이다. 그러나 이는 하느님에게는 적용되지 않는
다. 그분은 무한하고 영원하므로 시간의 차이에 종속되지 않
는다. 하느님이 무한하고 영원하다는 것은 하느님이 역사가
시작되기 전에나 역사가 끝난 후에도 동일한 분이라는 뜻이
라고 그는 이야기한다. 그러므로 하느님이 세상 안에서 자신
의 정체성을 완성하실 때 그분은 '자신'을 실현한다. 이는 그
분이 피조물을 당신의 삼위일체적 삶으로 끌어들일 때 일어
나며 또한 이러한 가운데 하느님 안에서 이루어지는 사랑의

친교가 피조물 안에서도 실현된다. 이를 통해 우리는 하느님이 당신의 고유한 속성을 통해 세상을 당신의 것으로 삼으실 때 하느님의 정체성이 세상에 가시화된다고 말할 수 있게 된다. 이러한 판넨베르크의 생각을 과정신학이나 역사적 사건들을 통해 되어가는 하느님(당신 자신이 되어가는 하느님)이라는 헤겔의 사상과 연관시킨다면 이는 판넨베르크를 오해하는 것이다. '실현'은 삼위일체 하느님 그 자체, 내적 존재에 관한 것이 아니라 세계 및 세계의 역사와 삼위일체 하느님의 내적 존재의 관계, 그리고 그 속에서 일어나는 하느님의 활동이다. 이는 하느님이 역사를 통해 "당신 스스로를 실현"하시는 와중에도 당신의 신성을 보존하고 있음을 뜻한다. 그러나 이는 또한 하느님의 신성이 세상의 사건들과 결부되어 있음을 뜻하기도 한다. 예수의 죽음이 그러했듯 말이다. 그러나 하느님의 생명과 삶, 그리고 현실성을 드러내는 것은 부활이다. 판넨베르크는 궁극적이고도 결정적으로 하느님이 하느님이심을 드러내는 때는 오직 종말에 이르렀을 때라고 말한다. 그때까지 신앙은 기대 가운데, 또한 기대로부터 살아간다. 그리스도와 종말론적 친교를 나눌 때 미래에 이루어질 만물의 완성은 이미 여기에 현실로 있다.

창조와 구속

이러한 결론은 하느님이 역사를 통해 자신을 한 분 하느님으로 드러낼 때 수반되는 것이 무엇인지 이해하게 해준다. 즉 유일자로서 하느님은 모든 존재하는 것들을 규정하는 힘이자 창조의 주권자이다. 그러나 성부 하느님은 이 주권의 완전한 성취를 성자와 성령에게 맡긴다. 하느님의 연합이라는 삼위일체에 대한 정의는 창조와 구원의 관계를 이해할 때 근본적으로 중요하다. 성자가 창조를 완성하는 이라는 것은 그가 이를 이룰 때 성부와의 관계 속에서 성자라는 자신의 특별한 성격을 근거로 이를 이행한다는 것을 암시한다. 온전한 창조, 즉 구원을 이루는 이로서 성자는 자신만의 자율적인 활동의 장을 가진다. 이 장은 인간의 신앙을 통해, 예배 공동체의 기도, 전례, 찬미라는 신앙의 삶을 통해 드러난다. 그러나 성자가 자율적으로 활동하는 장이라고 해서 이것이 성부의 활동 영역에 덧붙여진 영역은 아니다. 성자는 성부를 위해 자신의 특별한 성격을 근거로, 신앙의 삶이라는 장에서 인간과 아버지를 매개한다. 성자는 성부의 뜻에 순종함으로써 성부를 섬기며 신앙은 성부와 그 활동에 영광을 돌림으로써 성부의 주권을 세상에 전한다. 이는 창조와 구원이 불연속성과 연속성 모두를 지니고 있음을 보여준다. 신앙의 삶이 나름의 영역을 지니고 있기에 둘 사이에는 불연속성이 있으며, 그러면서도 신앙이 성부의 창조 활동에 영광을 돌리기 때문에 연속성이 있다. 바로 이것이 세상에서 삼위일체적 활동을 통해 하느님이 자신을 "실현한다"는 표현에 담긴 뜻이다. 그렇다면 그 결과 인간이 "실현된다"는 말은 무엇을 뜻하는가? 판넨베르크는 창조와 구원 활동 사이에 인간을 어떻게 자리매김하는가?

판넨베르크에 따르면 창세기 1장 26절은 인간이 하느님의 형상, 이미 다 실현된 형상으로 창조되지 않았음을 보여준다. 이 본문의 히브리어 표현은 인간이 하느님의 형상과 "닮도록" 혹은 하느님의 형상에 "상응하도록" 창조되었다는 뜻이다. 달리 말하면 하느님의 형상 그 자체는 인간과 다르다는 것이다. 하느님이 창조했지만 인간은 자연의 제약 아래 애초에는 아니었던 무언가가 될 수 있다. 즉 인간은 하느님이 창조를 하며 근본적으로 의도했던 바를 성취할 수 있다. 이를 예수는 삶과 죽음을 통해 역사적 현실로 보여주었으며 바로 그 점에서 예수는 인간이 닮도록 창조된 하느님의 형상과 같다. 그는 하느님의 형상을 자신의 핵심 정체성으로 갖고 있으며 그렇기에 그는 새로운 아담이다. 이레나이오스와 아타나시오스로 대표되는 교부신학은 예수가 역사를 완성하기 위해, 역사를 하느님의 구원이 이루어지는 장으로 만들었다는 원리에서 이러한 생각을 발전시켰다. 판넨베르크가 보기에 새로운 아담을 통한 역사의 완성이라는 교부들의 전망은 새로운 아담의 기능을 창조의 원초적 상태로의 회복으로 보는 이후 신학보다 훨씬 더 급진적이다. 물론 교부들 역시 부활이라는 새로운 삶을 통해 예수 그리스도가 하느님의 창조를 재현한다고 말했다. 하지만 이레나이오스도 아타나시오스도 그 재현을 단순하게 인간을 원초적 상태로 되돌리는 것으로 보지 않았다. 재현에는 이중적인 측면이 있기 때문이다. 한편으로 예수 그리스도의 재현은 인간을 다시 창조의 기원으로 돌아오게 하는 것을 뜻하지만, 다른 한편으로는 기원에 있던 가능성을 성취하는 것을 뜻하기도 한다. 생명력 있고 자연적인 자신의 기원으로 되돌아가 인간이 본연의 모습을 회복하는 과정에서 인간은 본래 자기 이상의 무언가가 된다. 이레나이오스를 참조해 판넨베르크는 신앙을 통해 새로운 생명을 받고 나누는 것은 인간이 본래 되어야 할 바를 이루기 위한 초자연적인 무언가를 부가적으로 받는 것이 아니라 자연스럽게 삶을 성장시키고 성숙하게 만들어주는 생명을 받는 것이라고 말한다. 이러한 맥락에서 인간은 자신의 참된 인간성을 향한 도상에 있다고 할 수 있다. 물론 그는 이미 하느님의 형상 안에 있는 참된 인간이기도 하지만 말이다. 인간이 자신의 완성을 향한 역동적 과정에 있다고 본다는 점에서 판넨베르크는 테오시스theôsis, 즉 인간의 '신성화'divinization를 말한 교부들과 생각을 같이한다. 그러나 판넨베르크의 생각을 좀 더 잘 이해하기 위해서는 이 과정을 불연속성 및 연속성과 연결해야 한다. 그는 삶과 죽음이라는 대립항을 가지고 자신의 조직신학 전체의 틀을 짰다. 교부들과 마찬가지로 판넨베르크는 구원을 선취한 사건으로 부활을 이야기한다. 인간의 자연스러운 성장과 성숙을 막아서는 위협인 죽음을 극복하는 것이 오직 부활뿐이기 때문이다. 이 영광의 신학theologia gloriae을 이야기한다고 해서 판넨베르크가 십자가의 신학theologia crucis을 도외시하는 것은 아니다. 부활한 그리스도는 죽음을 완전히 정복하지만 죽음의 힘을 정복한 그 생명은 죽음 안에서 예수와 하나가 될 때만 나누어 받을 수 있다. 그렇게 판넨베르크는 부활에 신학적이고 역사적인 우선권을 부여하면서도 통합된 삼위일체 신학 안에서 구원의 사건들을 묶어낸다.

공적 담론에 참여하는 신학

판넨베르크는 분명 가장 주목할 만한, 그리고 영향력 있는 20세기 신학자다. 그는 종교가 하는 일은 인간의 바람과 필요를 억누르는 것밖에 없다는 무신론의 비난을 어떻게 극복할 수 있는지를 보여주려 했다. 그의 전략은 그리스도교 메시지를 문화에 적응시키려는 것이 아니라 그리스도교 메시지가 진리인 이유를 합당하게 제시하는 것이었다. 이는 신학이 보편적이고 합리적이라는 것을 전제해야만 가능한 일이다. 물론 이러한 판넨베르크의 제안에 모두가 갈채를 보내지는 않았다. 그가 신이 존재한다는 '증거'를 제시하려 한다고 비난한 이들도 있었고 그의 신학적 사고가 어느 정도는 헤겔의 역사철학의 영향을 받았다고 보는 이들도 있었다. 이에 대해 판넨베르크는 신학이 철학과 대화를 시작할 때 이 대화는 신앙 그 자체로 정당화될 수 있다고 대답했다. 신앙은 본질적으로 자기 외부에 있는 것들에서 그 근거를 찾기 때문이다. 신앙은 이성과 합리성이 통용되는 세상에서 하느님의 통치가 완전히 이루어질 것이라는 소망 가운데 사는 것이다. 따라서 하느님에 대한 신앙과 하느님의 현실성이 시험대에 오른 세계의 경험들로부터 고립된 채 주관주의라는 안방으로 도피하는 것은 용납되지 않는다. 인간은 계시의 빛을 받아 하느님이 만물을 규정하는 힘으로, 또한 피조물의 주인으로 자신을 드러내는 것을 깨달을 수 있다. 그러나 그 궁극적인 답은 미래에 있다. 판넨베르크는 독일에서만큼이나 미국에서도 커다란 영향력을 행사했다. 계시 신학에 관한 그의 논의들과 여러 학문 분야들과의 적극적인 대화는 미국 신학계에도 반향을 일으켰다. 이러한 분위기 가운데 그의 저작들의 주요 부분들을 모아놓은 미국판 선집이 나왔고 판넨베르크는 이 선집에 자전적인 글과 함께 '미국의 친구들에게 답하여'라는 글을 실었다.

| 볼프하르트 판넨베르크 저서 목록 |

· **Die Prädestinationslehre des Duns Scotus im Zusammenhhang der scholastischen Lehrentwicklung** (Göttingen: Vandenhoeck & Ruprecht, 1954)
· **Analogie und Offenbarung. Eine Kritische Untersuchung zur Geschichte des Analogiebegriffs in der Lehre von der Gotteserkenntnis** (Göttingen: Vandenhoeck & Ruprecht, 1955)
· **Offenbarung als Geschichte** (Göttingen: Vandenhoeck & Ruprecht, 1961) 『역사로서 나타난 계시』(대한기독교출판사)
· **Was ist der Mensch? Die Anthropologie der Gegenwart im Lichte der Theologie** (Göttingen: Vandenhoeck & Ruprecht, 1962) 『인간이란 무엇인가?』(쿰란)
· **Dogma und Denkstrukturen** (Göttingen: Vandenhoeck & Ruprecht, 1961)
· **Grundzüge der Christologie** (Gütersloh: Gütersloher Verlagshaus, 1964)
· **Grundfragen systematischer Theologie. Gesammelte Aufsätze** (Göttingen: Vandenhoeck & Ruprecht, 1967)
· **Reformation zwischen gestern und morgen** (Gütersloh: Gütersloher Verlagshaus G. Mohn, 1969)
· **Thesen zur Theologie der Kirche** (Munich: Claudius Verlag, 1970)
· **Christentum und Mythos: Späthorizonte des Mythos in biblischer und christlicher Überlieferung** (Gütersloh: Gütersloher Verlagshaus G. Mohn, 1972)
· **Gottesgedanke und menschliche Freiheit** (Göttingen: Vandenhoeck & Ruprecht, 1972)

- **Gegenwart Gottes: Predigten** (Munich: Claudius Verlag, 1973)

- **Wissenschaftstheorie und Theologie** (Frankfurt am Main: Suhrkamp Verlag, 1973)

- **Glaube und Wirklichkeit** (München: Kaiser Verlag, 1975)

- **Anthropologie in theologischer Perspektive** (Göttingen: Vandenhoeck & Ruprecht, 1983) 『인간학 1~3』(분도출판사)

- **Metaphysik und Gottesgedanke** (Göttingen: Vandenhoeck & Ruprecht, 1988)

- **Systematische Theologie** (Göttingen: Vandenhoeck & Ruprecht, 1: 1988, 2: 1991, 3: 1993) 『판넨베르크 조직신학 1~3』(새물결플러스)

- **An Introduction to Systematic Theology** (Grand Rapids: Wm. B. Eerdmans Publishing Co., 1991) 『조직신학 서론』(비아)

- **Theologie und Philosophie. Ihr Verhältnis im Lichte ihrer gemeinsamen Geschichte** (Göttingen: Vandenhoeck & Ruprecht, 1996) 『신학과 철학 1~2』(종문화사)

- **Problemgeschichte der neueren evangelischen Theologie in Deutschland. Von Schleiermacher zu Barth und Tillich** (Göttingen: Vandenhoeck & Ruprecht, 1997)

- **Beiträge zur Systematischen Theologie, 1: Philosophie, Religion, Offenbarung, 2: Natur und Mensch – und die Zukunft der Schöpfung, 3: Kirche und Ökumene** (Göttingen: Vandenhoeck & Ruprecht, 1999–2000)

- **Freude des Glaubens: Predigten** (München: Claudius Verlag, 2001)

- **Beiträge zur Ethik** (Göttingen: Vandenhoeck & Ruprecht, 2004)

조직신학 서론
– 현대 조직신학의 문제들과 체계적 재구성

초판 발행 | 2020년 12월 4일

지은이 | 볼프하르트 판넨베르크
옮긴이 | 박정수

발행처 | 비아
발행인 | 이길호
편집인 | 김경문
편 집 | 민경찬
검 토 | 김준철 · 손승우 · 황윤하
제 작 | 김진식 · 김진현 · 이난영
재 무 | 강상원 · 이남구 · 진제성
마케팅 | 양지우
디자인 | 손승우

출판등록 | 2009년 3월 4일 제322-2009-000050호
주 소 | 서울시 강남구 봉은사로 442 75th Avenue 빌딩 7층
주문전화 | 010-7585-1274
팩 스 | 02-395-0251
이메일 | innuender@gmail.com

ISBN | 979-11-91239-3-4 (93230)
한국어판 저작권 ⓒ 2020 타임교육C&P